Dr. Raoul RELOUZAT
Jean-Pierre THIOLLET

Combattre la douleur

Comprendre les mécanismes et connaître les solutions

D1331885

ANAGRAMME EDITIONS
48, rue des Ponts
78290 Croissy sur Seine
01 39 76 99 43

© 2002, Anagramme éditions
Dépôt légal 1er trimestre 2002
ISBN 2-914571-16-X

Photographies : © Photodisc,
sauf pages 5, 13, 77 et couverture : © Rubberball, et page 33 : © Goodshoot

Imprimé et broché en CEE par I.D. à Boulogne

Sommaire

Quand la douleu

*I*l n'y a pas de «bonne» douleur. Pas plus qu'il n'y a de douleur «utile» ou «normale»... Par définition, la douleur est inacceptable. Et pourtant, des millions d'hommes et de femmes la subissent quotidiennement. A des degrés divers et sous des formes variables. Qu'elle soit d'origine traumatique, psychosomatique ou postchirurgicale, la douleur semble relever trop souvent encore d'une inévitable évidence... A tort. Dans la plupart des cas, compte-tenu des progrès médicaux constatés en ce début de siècle, la douleur devrait en réalité de plus en plus apparaître pour ce qu'elle est : un véritable scandale.

Ce livre a donc pour but non seulement de comprendre les mécanismes et la signification de la douleur, mais encore de présenter l'ensemble de la panoplie médicale, médicamenteuse et non médicamenteuse, qui permet de la soulager. Le tout avec des conseils pratiques, des témoignages, des commentaires précis sur l'efficacité des solutions. Sans jamais occulter les contre-indications ni les éventuels effets secondaires.

Un ouvrage indispensable, censé répondre aussi parfaitement que possible à cette priorité médicale absolue assignée par Hippocrate : soulager la douleur.

commence...

1 - La douleur... à force d'être

La douleur ne passera pas ! Eh bien si, elle est passée...
En ce début de XXIe siècle, les pouvoirs publics ont pris
la décision de la placer au premier rang des nouvelles
disciplines qui sont désormais contenues dans le deuxième
cycle des études médicales en France...
Une prise de conscience forte qui, se traduisant concrètement
par l'un des «points clés» de cette réforme de la formation
des professions de santé, démontre avec un certain éclat
combien la douleur est perçue de plus en plus comme
un enjeu essentiel dans la société d'aujourd'hui.

si singulière
plurielle

Ces dernières années, les milieux politiques, les instances représentatives de la médecine, les chercheurs et de nombreux médias n'ont eu de cesse de débattre des avancées scientifiques réalisées dans le domaine de la lutte contre la douleur et de s'interroger au sujet de leur impact réel sur la pratique médicale au jour le jour... Avec pour conséquence le plus souvent heureuse un véritable foisonnement – spectaculaire – d'initiatives et de travaux. En tous sens ou presque et à tous niveaux.

Gouvernement et parlement se sont ainsi mis en devoir d'intervenir et de légiférer. A preuve, la loi qui, depuis 1995, instaure la prise en charge de la douleur dans les établissements de santé et les centres médico-sociaux. A preuve encore, le décret soumettant les médecins, depuis 1996, à l'obligation de soulager les souffrances en toutes circonstances. A preuve enfin l'ordonnance destinée notamment à développer les réseaux de soins expérimentaux dans le cadre d'une réforme hospitalière et les récentes circulaires ministérielles qui ont mis en place deux plans d'action successifs contre la douleur, le premier entre 1998 et 2001, et le second, dont l'aboutissement est programmé à l'horizon 2005.

De même, les journaux et magazines, qu'ils relèvent de la presse écrite ou audiovisuelle, ont multiplié les numéros spéciaux à l'intention des sphères médicales les plus spécialisées comme du public le plus large. Ici, c'est une grande station de radio qui passe en revue, organe après organe, les douleurs chez l'homme, la femme, la grand-mère, le petit enfant et le

nouveau-né... Là, c'est le «coup de projecteur» en grande lar-
geur et belles photos à l'appui sur une «trouvaille» technolo-
gique. Là encore, c'est la création d'un Web douleur par
l'Observatoire de la douleur. A moins qu'il ne s'agisse d'un de
ces forums qui se succèdent à qui mieux mieux, tandis que les
sociétés savantes n'hésitent pas à créer en leur sein des cercles

«La douleur est un siècle et la mort un moment.»
Jean-Baptiste Louis Gresset,
Épître à ma soeur sur sa convalescence.

de réflexion ou des groupes d'études approfondies... Rien d'étonnant dans ces conditions que finisse par apparaître, en parfaite symbiose avec le changement de siècle, une nouvelle revue intitulée *Douleurs*, entièrement dévolue au sujet !

Parallèlement, les «cliniques de la douleur» se sont imposées dans le «paysage» médical. Près d'une cinquantaine de ces centres d'évaluation et de traitement, publics et privés confondus, sont habilités par le Ministère de l'Emploi et de la Solidarité. Environ la moitié d'entre eux dépend d'une université. Leur création, dont le début remonte aux années 1980, s'inspire en grande partie des «Pain Clinics» qui existent aux Etats-Unis depuis la Seconde guerre mondiale. Sur la lancée des travaux de Jean Lassner, au département d'anesthésiologie de l'hôpital Cochin à Paris et du chercheur américain J. Bonica, des anesthésistes-réanimateurs ne se sont pas seulement intéressés aux douleurs pré et post-opératoires.

Suivis dans leur démarche par certains neurochirurgiens, ils se sont aussi penchés sur ce problème beaucoup plus général des douleurs prolongées dites chroniques. Avec toutes les implications possibles en termes d'étude des mécanismes et de traitement. Le fonctionnement des «cliniques de la douleur» repose donc à la fois sur la pluridisciplinarité des praticiens et sur le caractère persistant et même «rebelle» des douleurs que ressentent les patients. Souffrances rangées en deux catégories bien distinctes, avec d'un côté les douleurs dites malignes liées au cancer ou à toute maladie cancéreuse, de l'autre les douleurs chroniques non malignes.

Naturellement, cet «activisme» n'a pas

Des compétences plurielles pour des souffrances rebelles...

Les centres d'évaluation et de traitement de la douleur disposent d'équipes très pluridisciplinaires qui comportent aussi bien des neurologues, neurochirurgiens, anesthésistes et rhumatologues que des psychiatres, psychologues, infirmières et assistantes sociales. Cette pluralité de compétences et d'expériences peut naturellement représenter un atout pour l'obtention de résultats probants et se révéler d'autant plus intéressante quand les souffrances endurées par les patients sont particulièrement rebelles.

manqué de générer en France la constitution de plusieurs structures associatives, à orientation d'ordre exclusivement professionnel. Cas du Collège national des médecins de la douleur, depuis 1997, du Collège national des enseignants universitaires de la douleur, ou encore de l'Association pour le contrôle de la douleur des patients, depuis 2000. D'autres organismes, sous la forme d'une entreprise classique, d'une association type loi

Ce qu'ils en disent

Marie-Thérèse GATT : «La douleur chronique rebelle peut être prise en charge»

«Il existe en France des structures clairement identifiées de prise en charge des douleurs chroniques rebelles. Par principe, ces douleurs ont résisté aux traitements antérieurs et évoluent depuis trois à six mois. Elles ont un retentissement notable sur la vie quotidienne des patients et sont invalidantes. De fait, la prise en charge de ces patients nécessite un travail en équipe de spécialistes de disciplines différentes.

En règle générale, ces équipes comportent des somaticiens (anesthésiste, neurologue, rhumatologue, médecin interniste, pédiatre...), des psy (psychologue et/ou psychiatre), des infirmières, des kinésithérapeutes et des travailleurs sociaux. Les patients qui souffrent de douleurs chroniques rebelles sont adressés à ce type de structure par un médecin, qu'il soit généraliste ou spécialiste.

A l'heure actuelle, ces structures fonctionnent avec trois vocables : consultation, unité ou centre. Ainsi, elles ont en commun une activité de consultation, mais certaines possèdent des lits d'hospitalisation – ce sont des «unités» – et d'autres ont une activité d'enseignement et de recherche – ce sont des «centres» .

En aucun cas, ces structures ne prennent en charge les douleurs à leur phase aiguë – symptôme d'une crise d'appendicite, d'une fracture, d'un infarctus du myocarde ou d'une tumeur – qui, elles, doivent être prises en charge par les différentes équipes de spécialistes, chirurgiens, cardiologues ou cancérologues...»

Anesthésiste-réanimateur et praticien hospitalier, le Dr Marie-Thérèse GATT est responsable de l'Unité de prise en charge de la douleur chronique de l'Hôpital Avicenne à Bobigny en Ile-de-France.

Douleur 77 : une initiative pilote

«Douleur 77 : ensemble contre la douleur»... Le slogan pour une initiative pilote, unique en France, prise par des médecins libéraux de Seine-et-Marne en région parisienne. Cette expérimentation a en effet pour ambition de prévenir la chronicité de la douleur et d'améliorer sensiblement sa prise en charge. Bénéficiant de l'agrément des pouvoirs publics et officiellement insérée dans le programme de lutte contre la douleur défini par le ministre de la Santé Bernard Kouchner en décembre 2001, elle doit se prolonger au moins jusqu'en 2005. Elle vise les patients âgés de plus de 18 ans et de moins de 65 ans, affectés par une douleur liée à la lombalgie, la migraine ou le cancer, évoluant vers la chronicité et présentant la caractéristique d'être quotidienne ou presque depuis plus de trois mois, résistante aux traitements antalgiques courants et de nature à avoir des retentissements sur les activités de la personne concernée.

Dans le cadre de «Douleur 77», le malade qui souffre dispose, dans son cadre de vie, d'une équipe de professionnels de santé pluridisciplinaire, articulée autour du médecin généraliste et dotée de moyens d'action et de communication importants pour l'évaluation et le traitement de la douleur chronique. Un dispositif qui naturellement s'adresse aux habitants de Seine-et-Marne mais qui devrait sans doute faire école dans d'autres départements français.

1901, ou dans l'environnement d'un centre hospitalier, sont également apparus pour proposer au public le plus large des consultations, des publications ou des aides diverses.

D'une définition l'autre

En dépit de l'intense activité qui se déploie autour d'elle et prend des formes si diverses, la douleur reste curieusement toujours aussi difficile à définir. Certes, le Larousse ne semble pas en peine. Il ne l'est quasiment jamais, il est vrai. Mais la définition qu'il propose est plutôt du genre laconique. Elle tient en deux mots : la douleur n'est rien d'autre qu' une «souffrance physique» et, «par extension», un «sentiment pénible, une affliction, une souffrance morale». Le Robert ne fait guère mieux. Même s'il est un peu plus explicite en décrivant une «sensation pénible en un point ou dans une région du corps»... Il semble donc légitime de se référer à la définition mise au point il y a plus

d'un quart de siècle – très précisément en 1976 – par l'IASP-*International Association for the study of pain* (Association internationale pour l'étude de la douleur) : «expérience sensorielle ou émotionnelle désagréable associée à un dommage tissulaire présent ou potentiel ou décrite en termes d'un tel dommage».

Malheureusement, cette formulation est loin de recueillir une approbation consensuelle. Si elle a le mérite, comme le remarque en France l'Académie nationale de médecine dans son rapport sur «les avancées dans le domaine des douleurs et de leur traitement chez l'adulte et l'enfant», de prendre l'expérience douloureuse dans toute sa complexité, organique et psychologique, nombreux sont les chercheurs et praticiens à la juger hautement contestable. En grande partie parce qu'elle ne prend pas en compte des situations où la douleur ne se manifeste que par des attitudes ou des modifications de comportement comme chez le jeune enfant ou la personne très âgée. De surcroît, elle «fait l'impasse» sur ces innombrables «cas de figure» où les douleurs sont intermittentes, récidivantes, par poussées de quelques semaines et donc aiguës dans leur déclenchement mais chroniques dans leur évolution. En ce début de XXIe siècle, il n'existe pas de formulation parfaite qui, en peu de mots, permette de définir scientifiquement ce qu'est la douleur. Tout au plus est-il permis de constater qu'elle donne matière à classification, dans la mesure où elle semble le «fruit» de trois ou quatre «mécanismes» principaux qui, le cas échéant, interfèrent entre eux. Situation de loin la plus fréquente, familière pour tout un chacun, la douleur est révélatrice d'une lésion. Baptisée nociceptive car déclenchée par un excès de nociception, elle survient lors d'un petit incident de la vie quotidienne, d'une rage de dent, d'un ulcère de l'estomac ou après une intervention chirurgicale. Elle relève aussi bien de la souffrance bénigne que des maux les plus pénibles liés aux cancers ou au Sida. Mais elle peut également être attribuée à une lésion du système nerveux lui-même, effet secondaire de la précédente, et prendre une allure neuropathique...

De surcroît, s'observent des cas de douleurs dites «idiopathiques», *a priori* dépourvues d'explication, mis à part celle qui repose sur un abaissement du seuil de la sensibilité normale. Enfin, les praticiens sont régulièrement confrontés à des patients souffrant de douleurs dites «psychogènes», qui s'inscrivent dans un état anxieux voire franchement dépressif, au point d'en apparaître quelquefois comme l'unique symptôme.

Cancer, Sida, même combat

Dans la catégorie la plus courante des douleurs – celles qui sont révélatrices d'une lésion –, il ne fait aucun doute que les souffrances qui se rattachent au cancer sont à l'origine des préoccupations les plus vives de la part des patients. En dépit des progrès médicaux enregistrés depuis plusieurs décennies et des succès remportés, la maladie continue de faire peur. Et ses conséquences douloureuses plus encore peut-être. En partie parce que tout le monde sait, pour avoir vu un proche souffrir ou entendu parler des épreuves supportées par des malades, que cette affection est dolosive, et même dans certains cas, très difficilement supportable. Le caractère insidieux de la maladie ne contribue pas non plus à apaiser les craintes. Dans un grand nombre de cas, le cancer met en effet du temps à devenir douloureux. Il survient on ne peut plus furtivement. Il ne se fait pas remarquer. Ni en bien. Ni en mal. Il ne commence à faire connaître sa présence, qu'avec la multiplication des métastases, et surtout si elles ont le mauvais goût d'avoir un caractère osseux ou neurologique. Ce n'est le plus souvent qu'à un stade relativement avancé de la maladie que la grande majorité des patients éprouvent des douleurs physiques de toutes sortes. Situation qu'ils ont souvent d'autant plus de mal à endurer qu'ils sont affectés moralement et redoutent de souffrir davantage.

Ce n'est d'ailleurs pas sans raison si les affections cancéreuses à leur stade terminal représentent sinon la totalité du moins une grande partie des maladies traitées dans les unités de soins palliatifs où la lutte contre les douleurs prend bien entendu tout son sens. Que ce soit dans le cadre d'hôpitaux de moyen séjour ou au domicile du patient.

Ne serait-ce que par son intensité, la douleur ressentie par le malade du Sida apparaît généralement très proche de celle observée au cours des affections cancéreuses.

> «Hôpital Silence
> Les quatorze heures de la souffrance ne sonnent plus pour elle
> dans le Midi
> Et la douleur s'excuse en bonne dame de compagnie
> j'ai tant à faire
> pardonnez-moi si je vous laisse
> chère amie»
>   Jacques Prévert, La pluie et le beau temps (Hôpital Silence)

Neuropathique n'a rien de sympathique...

Dans la classification des douleurs, celles dites neuropathiques et donc attribuées à une lésion du système nerveux font partie d'un second groupe quelque peu hétérogène qui comprend les douleurs de type psychologique et peut concerner, dans au moins un cas sur trois, des malades anxieux ou atteints d'une dépression plus ou moins grave. Parmi les affections les plus courantes, figurent aussi bien les lombalgies prolongées et les céphalées chroniques – migraines pures et dures comprises –, que des «causalgies» spontanées, post-traumatiques ou post-médicamenteuses...

Qu'elle trouve son origine dans la section d'un nerf, dans une amputation ou un infarctus local, cette douleur s'exprime de manière soutenue et se montre très invalidante. Etat d'autant plus pénible qu'il n'existe, jusqu'à présent, que peu de moyens efficaces de la soulager et que ce type de souffrance se traduit volontiers par des crises paroxystiques comparables à des décharges électriques sur un fond douloureux décrit par de nombreux patients comme de véritables brûlures.

... idiopathique non plus !

Bien qu'elles soient relativement peu fréquentes, qu'elles n'impliquent aucune lésion apparente et qu'elles portent un nom qui prête sinon à rire du moins à faire preuve d'indifférence, les douleurs idiopathiques méritent un minimum de considération. D'abord parce que leur réalité ne saurait être contestée. Ensuite parce qu'elles s'accompagnent fréquemment de troubles du sommeil. Caractéristique qui les rend d'autant plus éprouvantes. Enfin parce qu'elles ne sont pas nécessairement

très localisées et donc très faciles à «cibler». Comme c'est le cas dans certaines céphalées. Elles peuvent fort bien être diffuses dans les muscles, et tout particulièrement dans leurs tendons. Les douleurs que l'on n'explique pas et que l'on ne comprend pas portent le nom scientifique d'»algodinies». Elles représentent, pour le médecin traitant, un véritable «casse-tête», dans la mesure où après avoir établi la réalité de la souffrance, il apparaît qu'aucune des solutions thérapeutiques généralement efficaces ne fonctionne correctement...

Où y a du psychogène, y a pas de plaisir !

Ultime catégorie de douleurs, les souffrances dites psychogènes ne sont, elles aussi, provoquées par aucune lésion apparente. Localisées ou diffuses, elles s'expliquent par un état anxieux particulièrement exacerbé ou un syndrome dépressif. Mais le diagnostic se révèle souvent une question délicate.

L'approche du problème se fait donc essentiellement par exclusion, c'est-à-dire par élimination de tout ce qui ne saurait faire partie des douleurs de type nociceptif ou neuropathique, et à partir du discours tenu par la «victime» à propos de sa propre douleur. La plupart du temps, la souffrance d'ordre psychogène ne se contente pas d'englober ce qui forme les caractéristiques des maux de nature nociceptive et neuropathique : elle fait intervenir tout un ensemble de facteurs d'ordre psychologique, familial, socio-économique... Et dans de nombreux cas, comme le confirme l'Académie nationale de médecine dans

Vers des chaires universitaires de la douleur

Dans le cursus des études médicales, existe désormais un module entièrement consacré à la douleur, aux soins palliatifs et à l'accompagnement des patients. L'enseignement de cette discipline n'est pas encore structuré ni pérennisé au niveau universitaire : ce sont des médecins spécialisés et non des maîtres de conférence ou des professeurs en titre qui assurent la formation. A moyen terme, il paraît toutefois probable que seront créées des chaires universitaires de la douleur.

son rapport de 2001, l'application d'un traitement anti-dépresseur par la voie orale (ou par perfusion lors d'une courte hospitalisation) entraîne en effet l'atténuation ou la disparition complète des douleurs et vient masquer le diagnostic psychiatrique.

Par principe, une douleur psychogène, sans lésion objective, est toujours aussi légitime qu'une douleur physique. Par principe aussi, les souffrances qui disparaissent, comme par enchantement, en dormant, sont suspectes et peuvent mériter d'être prises en considération.

De quelques idées reçues...

* Selon une opinion beaucoup trop largement répandue car fausse, les mécanismes fondamentaux de la douleur seraient toujours extrêmement mystérieux... En réalité, ils sont de nos jours beaucoup mieux connus que par le passé. Des progrès considérables dans l'analyse des circuits neurobiologiques ont été réalisés ces dernières années. Ce qui est vrai en revanche, c'est que les moyens thérapeutiques ont, eux, relativement peu évolué. Ou frappent encore par leur modestie face aux exigences du monde moderne.

* A en croire un autre discours qui revient régulièrement dans les conversations, la douleur serait «vieille comme le monde» et les médecins auraient depuis toujours cherché à la soigner... C'est en partie faux. La douleur a longtemps trouvé sa justification par la religion dans le monde judéo-chrétien avant de trouver sa place comme «facteur de sélection» dans le schéma de l'évolution darwinienne. Ce n'est que depuis relativement peu de temps qu'elle a été véritablement prise en compte comme une maladie à part entière par les chercheurs, les médecins, et par la population d'une manière générale.

* Contrairement à ce que l'on a longtemps cru, il n'existe pas un centre unique de la douleur dans le cerveau humain. Le circuit neurobiologique de la douleur passe par des fibres nerveuses, les nocicepteurs, dont les terminaisons se situent au niveau des

Aiguë ou chronique : quand la douleur se partage...

Par-delà la classification quelque peu «universitaire» entre douleurs neuropathiques, idiopathiques et psychogènes, il peut être tentant de considérer qu'il existe en fait deux grands types de douleurs : les unes, qui ont un caractère aigu, les autres, une nature chronique et récidivante. Une approche sans doute un peu sommaire mais résolument simplificatrice et facile à retenir.

muscles, des viscères... et sont sensibles à des stimulations de nature physique, chimique ou thermique. D'autres fibres nerveuses viennent relayer ces fibres dans la moelle épinière pour former des faisceaux ascendants qui vont se projeter dans les différentes structures du cerveau. Il n'y a donc pas un seul faisceau ascendant qui intervient, mais toute une série, avec des rôles plus ou moins importants en termes d'affectivité et d'émotion...

* Enfin, de nombreuses personnes ont tendance à s'imaginer que telle cause entraîne automatiquement telle douleur. Il n'en est rien. Comme le rappelle volontiers Jean-Marie Besson, directeur de recherche au CNRS-Centre national de la recherche scientifique et responsable de l'unité de physiopharmacologie du système nerveux de l'INSERM-Institut national de la santé et de la recherche médicale, «cela ne marche pas comme un standard téléphonique» : telle stimulation ne déclenche pas, via un certain nombre de relais, une perception standardisée de la douleur par le cerveau. Tout au long de la chaîne de transmission, il existe, en quelque sorte, des systèmes de modulation de fréquence. C'est là un point qui peut se révéler très important car il permet au médecin de tenter d'intervenir sur les différents «postes de contrôle»... et au patient d'espérer un soulagement à la fois efficace et rapide.

* Contrairement à l'une de ces «idées reçues» qui continuent de sévir allègrement, l'immaturité et la plasticité du système nerveux chez l'enfant ne le protège pas contre la douleur.

2 - Objectiveme

nt subjective !

J e perçois, tu perçois, il ou elle perçoit, ils perçoivent... La perception de la douleur se conjugue trop au pluriel pour ne pas être éminemment différenciée. Certes, dans chaque corps humain, il existe tout un réseau de récepteurs disséminés dans l'organisme – sauf dans le cerveau – et de fibres qui transmettent l'information. Certaines de ces fibres sont dites à transmission rapide : elles fournissent des données sensorielles, liées au toucher, à la sensation de chaleur ou de froid. Quand par inadvertance, vous touchez du bout du doigt une plaque chauffante dans votre cuisine et que vous réagissez au quart de seconde, vous ne pouvez pas douter que ces fibres soient effectivement promptes à vous signaler votre inattention... Mais il existe aussi des fibres dites à transmission lente et parfois très lente. A elle seule, cette dualité vient d'emblée compliquer le problème de la perception douloureuse qui, sinon, pourrait être relativement simple... Or, la difficulté s'accroît encore lorsque l'on aperçoit que les neurones médullaires qui centralisent les «données» en provenance des influx nerveux sont eux-mêmes de deux types. D'un côté, il y a ceux qui ne reçoivent que des informations «douloureuses», soit sans doute à peine le dixième de toutes les informations «douloureuses» contenues dans un organisme humain. De l'autre, il y a ceux qui «réceptionnent» non seulement des informations «douloureuses» en masse – pour plus de 90 % de l'ensemble des informations «douloureuses» qui concernent une personne – mais aussi et surtout une multitude d'informations non «douloureuses»... Résultat : les neurones médullaires peuvent aussi bien jouer à merveille leur rôle de relais ou d'antenne que faire écran. Gardiens du temple de nos inhibitions ou délateurs empressés de tous nos mouvements, ils se montrent à peu près aussi imprévisibles que les services des «renseignements géné-

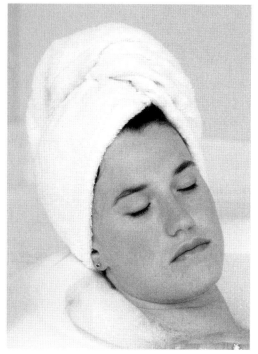

raux». Soumis à moult aléas et interférences, capables de «densifier» comme de «bloquer» le renseignement. Alors, le message de la douleur s'en ressent. Forcément. Il passe plus ou moins bien dans les sphères supérieures... Les techniques modernes d'imagerie (PET, scanner et IRM) mettent en évidence, au niveau cérébral, comment ce processus de communication peut impliquer les structures du cortex et les divers récepteurs.

En fait, il est certain que chaque être humain a une manière de percevoir les douleurs qui lui est propre. En fonction de la composante émotionnelle qui les accompagne et d'autres facteurs éminemment personnels comme le souvenir d'expériences pénibles, remontant parfois à la petite enfance, un certain type d'éducation, un environnement familial plutôt timoré et anxieux. La sensation douloureuse est donc objectivement subjective.

Deux camps bien distincts

Face à une même stimulation douloureuse, il existe entre les individus une grande variabilité dans la perception et l'expression de la douleur. Mais pour tout le monde ou presque, les douleurs se répartissent généralement en deux grands groupes, deux camps bien distincts. D'une part, celles qui peuvent être aiguës mais de relativement courte durée. Cas des douleurs post-opératoires (environ 7 millions de personnes se font opérer chaque année en France...), post-traumatiques ou provoquées par certains actes ou certains soins médicaux. D'autre part, les douleurs chroniques rebelles, comme celles dues aux lombalgies, aux céphalées, aux affections neurologiques ou à la maladie cancéreuse. A la différence de la douleur aiguë ponctuelle, la douleur chronique rebelle s'étale souvent dans la durée, avec une redoutable persistance. Au point d'entraîner des séquelles invalidantes, avec des retentissements majeurs en termes de qualité de vie.

Le cas de la femme enceinte

Considérées depuis toujours ou presque pour une évidente fatalité, les douleurs de la femme enceinte sont enfin prises pour ce qu'elles sont en réalité : le plus souvent trop «insupportables» pour qu'elles aient lieu d'être... Mais il aura fallu attendre le début des années 1980 pour que des équipes médicales commencent à s'investir fortement dans leur traitement. En l'espace de deux décennies seulement, les progrès constatés sur l'ensemble du territoire français ont été à la fois spectaculaires et incontestables. En ce début de XXIᵉ siècle, une femme sur deux bénéficie d'une analgésie lors de l'accouchement. Au lieu d'une sur cent en 1980... Toutefois, l'accès à ce type de thérapeutique reste encore limité, en raison de l'état de grossesse et du caractère particulier de la douleur de l'enfantement. Tant en termes d'évaluation des souffrances qu'au niveau de la recherche pharmacologique, des efforts doivent être poursuivis. Ainsi, il est reconnu que peu de produits antalgiques sont efficaces pour soulager la douleur de l'accouchement... et que de surcroît les performances sont sujettes à caution. Bien que la noramidopyrine, des anti-inflammatoires non stéroïdiens à forte dose ou des anesthétiques locaux intraveineux administrés en grosse quantité puissent se montrer capables d'obtenir un résultat significatif, les uns et les autres présentent l'inconvénient grave – franchement rédhibitoire – d'interférer avec la mécanique obstétricale et d'entraîner un risque foetal... Impossible également de se lancer dans le traitement de douleurs post-opératoires durant la grossesse (ou de douleurs chroniques préexistantes), si l'intervention doit se révéler nocive pour le foetus. En fait, seule la fameuse péridurale, technique qui a recours à des anesthésiques locaux, peut prétendre offrir à la fois une excellente efficacité et une sécurité convenable, aussi bien maternelle que foetale. S'agissant des douleurs avant l'accouchement proprement dit, lors d'un pré-travail prolongé, comme de celles, post-opératoires, de la césarienne, elle a également fait ses preuves. Mais sa mise en oeuvre ne saurait

Mini-lexique pour ne pas souffrir idiot...

Allodynie : douleur provoquée par un stimulus non nociceptif

Analgésie : absence de réponse douloureuse à un stimulus nociceptif

Douleur : sensation et émotion désagréables, associées à une ou des lésions présentes ou potentielles. La douleur est donc liée à une sensation – perception d'un stimulus algogène – et à une expérience affective, autrement dit à un sentiment d'inconfort responsable de réactions variables selon les personnes.

Douleur aiguë : qu'elle soit due à une brûlure ou à une déchirure, elle représente, par sa force, un signal d'alarme.

Douleur chronique : on parle de douleur chronique quand sa persistance va au-delà de trois à six mois. Il est alors question d'un syndrome lié à une pathologie évolutive, comme le cancer ou le Sida, ou à une pathologie séquellaire comme les lombalgies.

Dysesthésie : sensation désagréable sans rapport avec le stimulus appliqué

Hyperalgésie : augmentation de la sensibilité aux stimulus nociceptifs

Hyperesthésie : exagération de la sensibilité

Névralgie : douleur sur le trajet d'un nerf

Nociceptif : qui se rapporte aux stimulations provenant d'agents nocifs pour l'organisme au niveau de la peau ou des muqueuses.

Paresthésie : sensation anormale dans une région cutanée ou profonde.

Souffrance : constituée par les réactions engendrées par la douleur, elle est la résultante de phénomènes à la fois physiques et psychologiques, dans lesquels l'angoisse et les expériences douloureuses antérieures tiennent une place importante. En général, la nature de la maladie influe sensiblement sur le vécu douloureux d'un patient. Mais il est de toute façon établi avec certitude que pour un même stimulus douloureux, la souffrance ressentie peut varier de un à dix d'une personne à une autre...

Ce qu'ils en disent

Béatrice MARTIN : «Des souffrances vécues difficilement»

«En ce qui me concerne, j'ai d'abord ressenti la douleur dans sa dimension morale. Survenue il y a plus de 25 ans lorsque j'étais enceinte de mon troisième enfant, la maladie de sclérose en plaques a commencé par affecter mes yeux, en me rendant soudain quasiment aveugle. Une situation plutôt angoissante, d'autant que par la suite, les jambes, les bras ont également été impliqués dans une sorte d'engrenage qui paraissait inexorable... Le tout assorti de souffrances, souvent vécues difficilement, en particulier la nuit.

Ce qui de surcroît m'a paru pénible, c'est d'avoir eu le sentiment d'être «ballotée» d'un hôpital à un autre, d'un service à un autre, d'être tenue dans l'ignorance de ce qui se passe autour de votre personne... Or, dans l'évolution d'une maladie comme la sclérose en plaques, le moral du patient joue, on ne le soulignera jamais assez, un rôle prépondérant.

S'agissant des traitements, des anti-inflammatoires m'ont bien entendu été prescrits. Mais le recours à ce type de produits atteint forcément ses limites au fil du temps qui passe... et mon médecin estime préférable, compte-tenu de mon état actuel, de ne pas recourir à de nouveaux traitements, afin d'éviter d'enclencher des effets secondaires tout à fait indésirables.

Pendant neuf ans d'affilée, un traitement par cortisone m'a apporté un réel soulagement. Toutefois, en l'espace de plus d'un quart de siècle, je n'ai pas perçu un progrès décisif en matière de médicaments «anti-douleur». Le remède «révolutionnaire», à la fois efficace et dépourvu d'inconvénients, reste à trouver. Encore que je n'aie toujours pas «testé» les produits les plus nouveaux dont j'entends de plus en plus parler autour de moi et qui seraient, m'assure-t-on, très performants...»

Béatrice MARTIN est mère de quatre enfants. Elle a été conseillère municipale de Courbevoie (Hauts-de-Seine) de 1988 à 2001, chargée notamment de l'enfance et des questions scolaires.

«La douleur est ce que nous sentons de plus nôtre et de plus étranger.»

Paul Valéry, Mauvaises pensées et autres

complètement exclure l'éventualité de sévères complications. Elle doit donc être confiée à un praticien expérimenté, tout en nécessitant la disponibilité d'un médecin anesthésiste-réanimateur jour et nuit...

Interruption médicale de la grossesse : une question toujours sensible

Dans le cadre de l'interruption médicale de la grossesse, la douleur de la femme enceinte est forcément complexe. D'abord parce qu'elle n'est pas uniquement d'ordre obstétrical et correspond aussi à la souffrance due à un deuil très particulier, rattaché à un enfant *in utero* et par conséquent imaginaire. En outre, elle est d'autant moins seule à devoir être prise en compte qu'il y a aussi, même si elle n'est qu'éventuelle (et en pratique, fort improbable), la douleur du foetus au moment de l'interruption... Il s'agit là d'un problème d'ordre éthique qui ne peut pas décemment être balayé d'un simple revers de la main.

3 - Ces traitemer
de la douleur
moins - fait le

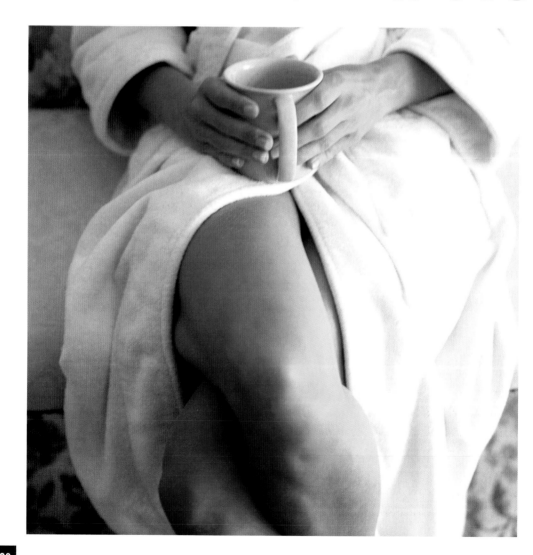

s classiques
qui ont - plus ou
urs preuves

A chaque spécialité médicale, sa douleur. Et à chaque type de douleur, une stratégie thérapeutique propre... Ainsi, le neurologue est le praticien anti-migraine par excellence. Tandis que le rhumatologue apparaît, lui, comme le champion de l'arthrose ou de l'entorse. Ainsi également, toute souffrance devrait en principe faire l'objet d'un traitement particulier. Sur mesure, en quelque sorte. Tant pour le choix de la technique destinée à soulager, du produit ou des produits censés apporter l'apaisement, que pour les doses antalgiques les plus appropriées.

Mais si en théorie l'éventail des substances disponibles et des méthodologies applicables est suffisamment large pour qu'il y ait l'embarras du choix, il apparaît souvent en pratique que face à une douleur puissante, les anti-inflammatoires représentent des armes essentielles. De même, la morphine, le plus ancien alcaloïde connu et principal alcaloïde de l'opium, reste, depuis sa découverte en 1804, un analgésique important. Particulièrement active chez l'être humain, elle intervient sur les appareils respiratoire, circulatoire et digestif, mais son action prédominante s'exerce sur le système nerveux central. A une excitation passagère fait suite une période de paralysie des centres nerveux, qui deviennent inaptes à percevoir la douleur. Ces dérivés de la morphine que sont la diamorphine, la codéine ou la codéthyline ont également des propriétés soporifiques et calmantes.

Cependant, les réticences à prescrire ce type de substance hypnotique ont longtemps été extrêmes. En particulier sur le territoire français où le monde médical s'y refusait généralement, considérant qu'il s'agissait d'une drogue, au pire sens du terme. De surcroît, l'environnement social où la souffrance était volontiers perçue comme rédemptrice et synonyme de grandeur ne contribuait guère à favoriser une évolution des mentalités. Comment s'étonner dans ces conditions que, sans complexe aucun, les Anglo-saxons aient été les premiers à inventer le concept de «clinique de la douleur» (*pain clinic*) ? A l'évidence, ils ont refusé la sanctification de la douleur. Mais comment ne pas voir que de nos jours encore, se reproduit un «schéma» un peu comparable au sujet du cannabis ? L'Académie de médecine française paraît se figer dans une attitude de refus, tandis que les Anglo-saxons, qu'ils soient anglais ou canadiens, se montrent, là encore, nettement plus favorables... D'une manière générale, on ne saurait trop le souligner, les thérapies destinées à venir en aide aux personnes qui souffrent semblent toujours avoir beaucoup de mal à évoluer. Même si des progrès sont enregistrés et si des techniques nouvelles font leur apparition au fil des décennies, il n'y a toujours pas eu de révolution ni de découverte aux effets «miraculeux». Les traitements classiques de la douleur qui ont – plus ou moins – fait leurs preuves, demeurent la base sur laquelle s'appuie l'ensemble des praticiens.

Messieurs les Anglais, soulagez les premiers !

S'il existait un palmarès mondial des meilleurs experts anti-douleur, qui grimperait sur les plus hautes marches ? *That is the question*... S'il est toujours un peu abusif et même absurde de vouloir établir un tel classement, il n'en demeure pas moins que les Anglais figureraient sans doute parmi les «leaders». Non seulement ils ont su faire oeuvre de pionniers mais encore ils ont su entretenir et justifier une renommée acquise de longue date... La célèbre Clinique Saint-Christophe à Londres est considérée comme le premier établissement de soins au monde à s'être consacré, il y a plus de trente ans, aux douleurs de fin de vie et à avoir développé des programmes de recherche. Toujours dans le monde anglo-saxon, aux Etats-Unis, les travaux du Pr Ronald Melzack ont eu également une grande importance.

Extrême complexité

Ce n'est pas sans raison, il convient de le reconnaître, si les médicaments les plus utilisés jusqu'à présent – l'aspirine, le paracétamol et la morphine – ont des origines fort anciennes. Car la médecine est confrontée à l'extrême complexité du circuit nerveux de la douleur. Processus où interviennent le glutamate et la substance P, deux neurotransmetteurs qui ont de surcroît plusieurs autres rôles dans de nombreux mécanismes cérébraux... A vouloir mettre au point des produits inhibiteurs de ces molécules, les chercheurs courent donc toujours le grand risque de provoquer des effets secondaires plus ou moins graves, d'ordre psychotique notamment... En second lieu, comment ne seraient-ils pas gênés par la multiplicité des récepteurs périphériques de la douleur et par l'envergure du véritable «cocktail» analgésique qu'ils devraient créer pour tout neutraliser ?

Par principe, le traitement de certaines douleurs neuropathiques est difficile. Les antalgiques courants sont souvent peu ou pas du tout efficaces. Les antiépileptiques et/ou les tricycliques le sont parfois davantage, de même que l'action de la clonidine ou de la capsaïcine mérite d'être signalée. Dans les séquelles douloureuses des sections ou lésions de nerfs (zona, sciatique opérée, amputation...), les neurostimulations électriques peuvent aussi se révéler utiles, mais fort nombreux sont les praticiens à avoir observé que la qualité des résultats a fâcheusement tendance à se relativiser au fil du temps... En fait, la complexité des douleurs neuropathiques, en particulier d'origine centrale, incite à admettre, comme le fait d'ailleurs l'Académie nationale de médecine, qu'elle ne peut être analysée et «démontée» que par des spécialistes neurologiques et neurochirurgicaux.

Bon à savoir

Depuis le début de ce XXIe siècle, tous les médecins français sont en mesure de prescrire de la morphine à leurs patients. A l'initiative du Ministère de la Santé, ils disposent en effet d'ordonnanciers d'un modèle nouveau, très «sécurisés», qui les mettent à l'abri d'éventuelles pressions de la part de personnes consommatrices de drogues ou d'éventuels soupçons de trafic. La morphine n'est donc absolument pas en vente libre, mais accessible, sous surveillance médicale et dans un cadre réglementé par les pouvoirs publics, en cas de besoin réel et sérieux. Une évolution récente et fort précieuse pour les patients endurant de pénibles souffrances.

Mal de tête plus ou moins carabiné...

Il suffit d'une trop grande abondance ou insuffisance du sang dans le cerveau pour que cette irrigation anormale, excessive ou irrégulière, provoque un mal de tête plus ou moins carabiné... L'hypertension artérielle est à l'origine de nombreuses et douloureuses céphalées. Si votre esprit est très tendu ou si vous restez longtemps dans une même position penchée, que ce soit pour travailler ou dans le cadre de vos loisirs, sachez que vous risquez un trouble de cette nature. Soucis et surmenage font mauvais ménage avec la santé de l'esprit. En cas de névrose ou de psychose, le danger prend une allure inflationniste. Surtout si une prédisposition congénitale paraît se prêter au jeu... De même, il est bien connu qu'une exposition prolongée au soleil peut avoir de fâcheux effets. Vous l'avez sans doute vérifié par vous-mêmes plus d'une fois.

D'une manière générale, les accès de fièvre, les maladies infectieuses, en particulier la grippe ou les sinusites, vont volontiers de pair avec des douleurs crâniennes plus ou moins gênantes. Enfin, les problèmes dentaires ou oculaires expliquent fréquemment les sensations de souffrance. Il vous suffit de porter des lunettes mal adaptées pour en avoir la rapide confirmation.

En avant, les triptans !

Pour soigner les céphalées, et tout particulièrement cette fameuse migraine, problème de santé majeur pour un fort pourcentage de la population dans de nombreux pays, de nombreux produits sont disponibles. Mais les triptans apparaissent comme les plus modernes. D'un point de vue scientifique, l'efficacité de leur intervention s'explique par leurs liens avec les récepteurs de la sérotonine qui entraînent une action de vasoconstriction et inhibent la libération des neuropeptides. En d'autres termes, ils suppriment l'origine du trouble. De manière radicale. Résultat : ils peuvent si facilement donner l'impression d'en faire trop qu'ils sont formellement contre-indiqués pour toute personne atteinte d'une insuffisance car-

diaque. En outre, comme tous les médicaments réellement efficaces, ils ont des effets plus ou moins indésirables. Du vertige
passager à la nausée persistante. Pas question donc de collec-
tionner les triptans ou de jongler avec eux. Ce sont des médicaments qu'il est plus que préférable de ne pas s'auto-adminis-
trer. Aux doses prescrites par le médecin, leurs vertus restent
indéniables. Avec une suppression de la douleur garantie.

Aspirine, encore et toujours...

Moins «moderne» mais couramment utilisée, l'aspirine – un
antalgique au même titre que le paracétamol – ne saurait être
négligée par la personne qui souffre de migraine. De caractère
très «généraliste», elle a largement fait ses preuves et ses états de
service témoignent du grand intérêt qu'elle présente. Du moins
à titre de traitement très ponctuel. Car l'évidence de son effet

anti-inflammatoire ne doit pas occulter la difficulté voire l'impossibilité pour de nombreuses personnes à bien tolérer l'absorption de ce médicament. Un fait qui a sans aucun doute justifié l'apparition de produits dans lesquels une certaine quantité d'aspirine se trouve mêlée à une substance antivomitive.

En outre, une personne qui prend de l'aspirine, de l'ergotamine, de la codéine ou du fiorinal plus de deux jours par semaine, s'expose forcément au risque d'enclencher un engrenage plus que vicieux où les cachets ne servent qu'à entretenir et même à aggraver l'état migraineux. Le processus de l' «effet rebond» est bien connu : l'organisme s'habitue tellement à l'absorption régulière du produit anti-douleur que le jour où il n'a pas sa dose, il le fait savoir. Et vertement, par des douleurs «à la Kalashnikov»... Le comble, c'est que les patients qui utilisent des médicaments anti-douleur non spécifiques ont une tendance à les associer et à multiplier les prises. Il est reconnu que près de la moitié des migraineux prend ainsi un deuxième ou un troisième traitement pour la même crise. Une surconsommation très dangereuse.

De fait, une attitude saine consiste à interrompre ce mécanisme infernal qui conduit à la céphalée chronique quotidienne, en cessant de recourir à des produits anti-douleur ou, à tout le moins, en prenant grand soin de ne pas en consommer plus de deux jours d'affilée dans la même semaine. Même s'il existe des médicaments qui ont pour vertu de soulager sans entraîner d' «effet rebond», un traitement préventif de la migraine et des douleurs qui l'accompagnent est toujours préférable à une action curative. Un médecin pourra, le cas échéant, à titre strictement ponctuel et sans conséquence regrettable, prescrire un bon remède «anti-crise».

Précieuse caféine de secours

Avant l'apparition de l'aspirine, le médicament le plus en vogue était un dérivé de l'ergot de seigle (tartrate d'ergotamine, DHE-dihydroergotamine). Non sans raison puisque ce produit a une remarquable «force de frappe», par sa puissance et sa rapidité d'intervention. Associé à la caféine, qui, au contraire de l'alcool, a une saisissante faculté de contraction, il peut *illico presto* réduire le problème à néant. Au point de le rendre inexistant. Comme par enchantement. Quand, à défaut d'avoir de l'ergot de seigle sous la main, les personnes migraineuses boivent du café à chaudes gorgées, elles ont raison : la caféine peut être d'un précieux secours en cas de crise. De même nature ou presque que ces autres adjuvants que sont les antiémétiques ou les psychotropes.

En dépit d'un succès moindre que celui remporté par les antalgiques, les anti-inflammatoires non stéroïdiens ou AINS (comme le naproxène ou l'ibuprofène) ont également démontré une certaine efficacité dans le traitement de la migraine. Comme l'aspirine, ils ne constituent pas des médicaments spécifiques de cette maladie.

Cas pratique

La migraine «en grappe» d'Antoine

Antoine n'a pas la quarantaine sereine. Depuis plusieurs années, il ressent des douleurs très violentes sur la moitié du visage, en général au printemps. Souffrances accompagnées de larmoiement et d'écoulement nasal. Son malheur est devenu intense puisqu'il lui arrive de subir des crises au rythme de dix par jour, d'une durée d'un quart d'heure à chaque fois... Rien ne le soulage et le problème est incontestablement de nature invalidante. Antoine s'interroge. Comme il se croit victime de sinusites aiguës, il collectionne à l'envi les scanners et les radios. En vain. Car il est atteint d'une algie vasculaire de la face. Ce qui correspond clairement à un phénomène inflammatoire des nerfs sensitifs de la face. Avec un caractère saisonnier très marqué. Antoine peut ainsi en souffrir deux années de suite, avant de connaître une rémission de deux ans... Processus de la migraine dite «en grappe». Pour lutter efficacement contre la maladie, la prescription du médecin passe d'ordinaire par des anti-inflammatoires à forte dose – à l'efficacité éprouvée –, et par des vaso-constricteurs, également à bonne dose (afin de permettre une constriction des vaisseaux sanguins du visage). En période de crise, cette alliance de médicaments relève généralement d'une excellente stratégie.

Pour les enfants aussi

En fonction de l'âge de l'enfant, plusieurs médicaments sont à la disposition des médecins, essentiellement des morphiniques de puissance variable. Cependant, la pharmacopée autorisée est nettement plus restreinte que celle dont peut bénéficier l'adulte et l'usage des antalgiques les plus forts reste en principe interdit chez le jeune garçon ou la jeune fille de moins de quinze ans.

Parmi les produits les plus «anodins» mais néanmoins efficaces, figurent le sirop de codéine à usage pédiatrique qui peut être administré dès l'âge d'un an, les médicaments à base de paracétamol et de codéine, sous la forme de comprimés effervescents ou sous un autre type de présentation. Dans la catégorie des substances puissantes voire très puissantes, la morphine se situe au tout premier plan. Elle peut être utilisée, sans risque de toxicomanie, dès l'âge de trois à six mois, par voie intraveineuse (ou *per os*). Les voies sous-cutanées et intramusculaires sont à éviter car douloureuses. En pratique, elle est souvent administrée par voie orale, grâce à un sirop à la dose de 0,2 mg/kg toutes les quatre heures. Dose initiale qui peut, par palier, être augmentée de 30 à 50 % toutes les heures (suivant le tableau clinique). Par la voie intraveineuse et en l'espace de cinq minutes seulement, les 0,2 mg/kg de morphine sont, pour le jeune patient, synonymes de soulagement.

Même si elle n'est pas aussi efficace que la morphine «pure», la nalbuphine fait également partie des substances «anti-douleur» les plus performantes. Morphinique «tout terrain», elle est autorisée à figurer dans la trousse d'urgence de tout médecin généraliste. En principe, elle s'administre par voie intraveineuse, de manière discontinue à la dose de 0,2 mg/kg toutes les quatre heures, ou de manière continue à la dose de 1,2 mg/kg par 24 heures. La voie rectacle, à la dose de 0,4 mg/kg est également adaptée à la pratique médicale. En revanche, les voies sous-cutanées ou intramusculaires, plutôt douloureuses, sont à éviter.

Pour les souffrances aiguës, la crème anesthésique et le mélange oxygène-protoxyde d'azote restent considérés par

Des vertus de la surveillance

Le fait pour l'enfant de pouvoir, à l'aide d'une pompe, s'administrer lui-même, de manière auto-contrôlée, les produits analgésiques, constitue un progrès très important. Mais ce constat ne doit surtout pas conduire à ignorer ou à sous-estimer la nécessité d'une surveillance attentive par un personnel médical ou paramédical ou par l'entourage familial, afin que l'enfant ne sommeille pas trop, qu'il n'ait ni nausées ni vomissements ou signes de dépression respiratoire... Cauchemars, constipation, prurit font également partie des inconvénients éventuels de certaines thérapies que des parents sont en mesure d'observer et de signaler au médecin.

l'Académie nationale de médecine comme «les deux meilleurs moyens de lutte contre les douleurs quotidiennes rencontrées dans les hôpitaux d'enfants».

Au sein du Comité du médicament, un groupe de travail auquel participe notamment le Dr Daniel Annequin, responsable de l'unité fonctionnelle analgésie pédiatrique à l'hôpital d'enfants Armand Trousseau à Paris, s'est fixé comme objectif d'obtenir que les enfants puissent bénéficier de la majorité des traitements antalgiques actuellement disponibles.

De la pommade à l'anesthésie générale

A un enfant, les médicaments qui agissent contre la douleur peuvent être donnés sous des formes variées : comprimé, sirop, suppositoire, pommade, perfusion, inhalation... Ils sont classés en plusieurs catégories selon leur puissance (depuis le paracétamol jusqu'à la morphine). Pour certains soins douloureux (piqûres, pansements, points de suture...), une équipe soignante peut pratiquer une anesthésie locale (spray, crème anesthésiante, injections...), faire respirer un mélange gazeux (oxygène et protoxyde d'azote) qui permet d'avoir moins mal et moins peur, ou encore faire une anesthésie générale.

*C*ertaines vitamines et certains minéraux peuvent contribuer à prévenir l'apparition des douleurs et à mieux les endurer... Les bienfaits des bons comportements alimentaires ne sont plus à démontrer et l'enjeu que représentent les choix nutritionnels en vaut la peine. Car bien se nourrir va souvent de pair avec bien dormir, bien travailler, bien aimer... Dis-moi ce que tu manges et je te dirai de quoi tu souffres ! Mais, entre l'eau, le chaud, le froid, les techniques d'électrothérapie, le laser ou le cannabis, il existe beaucoup d'autres solutions non médicamenteuses pour venir à bout de la douleur...

Vitamine B1 : la bonne à tout faire !

On la surnomme parfois la bonne à tout faire et ce n'est pas sans raison. Ses fonctions sont multiples et étendues. La thiamine (B1) est bel et bien une vitamine majeure. Plus que conseillée en cas de douleurs postopératoires ou dans le cadre du traitement de l'herpès et du zona, cette pathologie très douloureuse qui, en phase aiguë, peut également être traitée avec des produits anti-épileptiques. Mais par nature, elle présente le double inconvénient d'être soluble dans l'eau et de ne pas rester stockée dans le corps. Au contact aussi bien de l'air et de l'eau que de la caféine, de l'alcool, des adjuvants alimentaires ou des oestrogènes, elle s'altère et disparaît comme par un détestable enchantement... En fait, elle paraît extrêmement sensible à l'action de la chaleur. C'est sans doute ce qui explique en partie que les produits portant la mention «enrichi en thiamine» soient en règle générale... beaucoup plus pauvres qu'ils le proclament. Simplement parce que leur fabrication, avec les différents processus de raffinement ou de conditionnement, entraîne inévitablement l'élimination partielle sinon totale de la thiamine (le plus souvent, l'adjonction annoncée ne fait que compenser plus ou moins bien cette disparition).
La thiamine se trouve en grande quantité dans les aliments à la fois les plus complets et les plus divers : le pain (quand il est complet bien sûr et élaboré dans les règles de l'art !), le riz brun (et

uniquement brun), les flocons d'avoine, les petits pois et les haricots (sous réserve qu'ils soient frais), les oeufs, le foie, les rognons, le poisson, le porc, le lait... Pour vous prémunir contre toute carence en thiamine, n'hésitez pas à manger également de temps en temps du chou rouge, des myrtilles et du poisson cru. Et souvenez-vous également que toute personne qui consomme du tabac, de l'alcool, des contraceptifs oraux et du sucre sous différentes formes a des besoins importants en cette vitamine.

Vitamine B12 : attention aux conséquences d'une carence !

Toute personne qui a des douleurs chroniques ou qui ressent une fatigue récurrente devrait se montrer vigilante : la B12, seule vitamine riche en minéraux essentiels, lui fait peut-être défaut. L'éventuelle insuffisance est d'autant plus insidieuse que l'organisme humain réclame peu et que les premiers symptômes de carence mettent parfois cinq ans voire davantage avant de se manifester de manière claire.

A l'état naturel, la B12 se trouve dans la viande, le lait ou le fromage. Surnommée la «vitamine rouge» non pour sa couleur naturelle et encore moins pour sa coloration politique, mais parce qu'elle se trouve exclusivement dans les produits d'origine animale. Si vous ressentez des douleurs chroniques, montrez-vous vigilant. Ne sous-estimez pas l'importance de cette B12. Ce n'est pas sans raison si les amateurs de régimes végétariens ont souvent le souci de compléter leur ordinaire alimentaire par un complément bien dosé et si les médecins sont parfois amenés à prescrire des doses de B12, associée le cas échéant à d'autres vitamines du groupe B, sous forme d'injection (solution efficace et même indispensable dès lors que l'absorption par voie buccale est vouée à l'échec ou impossible). Et ce n'est pas sans raison non plus si de nombreuses personnes âgées souffrent de carences : les troubles intestinaux, les diarrhées chroniques gênent considérablement l'absorption de la vitamine B12 et expliquent en partie cette situation.

Vite, de l'eau, c'est de l'eau qu'il nous faut !

Les vertus rafraîchissantes et apaisantes de l'eau sont grandement éprouvées. Et l'utilité des cures proposées par les centres de thalassothérapie ou les établissements thermaux n'est plus à démontrer. Les avantages de cette formule sont largement établis. Ils reposent sur une prise en charge «personnalisée» par des équipes le plus souvent fort compétentes, composées de médecins mais aussi de masseurs-kinésithérapeutes et d'autres praticiens para-médicaux. Ils s'appuient aussi sur le fait que les curistes sont «mobilisés» à 100 % vers un objectif, y consacrent l'intégralité de leur temps et sont totalement coupés d'un environnement stressant. Des facteurs qui facilitent sinon garantissent l'obtention d'un minimum de résultats. Mais la formule se révèle souvent onéreuse, même si les dépenses peuvent être en partie couvertes par la Sécurité sociale... En outre, les cures sont généralement trop courtes pour entraîner une modification durable des causes de la souffrance.

L'alcool : jusqu'à un certain degré

Point n'est besoin d'avoir vu beaucoup de westerns pour savoir que l'alcool, et en particulier le whisky, peut avoir un effet antalgique relativement puissant. Au point, sous réserve de l'utiliser en quantité modérée, de dispenser de l'absorption de produits médicamenteux... Mais en tant que telle, la consommation d'alcool ne saurait à l'évidence être préconisée, car elle entraîne des risques d'accoutumance, avec des conséquences très préjudiciables à la santé.

Qu'il est bon de souffler le chaud...

Pour soulager les douleurs intestinales ou osseuses, et d'une manière générale, les petites et grandes souffrances d'origine musculaire, la chaleur n'a plus besoin de faire ses preuves. Ses vertus sont reconnues depuis des lustres, et à juste titre. Une bonne «bouillotte» appliquée au bon endroit peut sensiblement atténuer vos tourments et limiter voire réduire à néant votre absorption de médicaments... Surtout si vous savez faire preuve d'un minimum de patience. Mais de cette chaleur, aussi réconfortante soit-elle, il faut faire un usage tempéré et, comme en toute chose, savoir raison garder... Ainsi, le succès que connaît le sauna ne doit pas faire illusion. Il n'est d'ailleurs que relatif. Et pour cause, car ce type d'équipement doit être utilisé avec un minimum de précaution. A défaut, il peut se révéler dangereux. En particulier pour les personnes cardiaques. A moins de venir très régulièrement et depuis belle lurette passer son temps sur un banc entre quelques planches de pin, un barbecue avec des charbons de bois et une écuelle remplie d'eau, mieux vaut en éviter une utilisation prolongée. Une dizaine de minutes suffit largement pour une première «acclimatation» sans risque.

Par la forte transpiration qu'il provoque, le sauna permet une élimination rapide des toxines (mais aussi des oligo-éléments). Il peut de surcroît procurer le sentiment d'une meilleure condition physique et l'agréable sensation que certaines douleurs ont, au moins provisoirement, disparu... Mais le soulagement n'a rien de miraculeux et ne saurait faire oublier qu'il s'accompagne d'une fatigue certaine pour l'organisme. Car le sauna, on ne le soulignera jamais assez, peut être tout à fait épuisant. Après une séance, même relativement brève, il est par conséquent indispensable de toujours veiller à se reposer ou à n'avoir qu'une activité réduite. Sinon, il y a un risque de malaise et le danger s'accroît en fonction de l'âge. Une personne âgée de plus de 50 ans doit faire preuve de sagesse.

Depuis les temps les plus reculés – et les plus obscurs comme il se doit parfois ! –, des vertus curatives sont également attribuées au hammam... Et c'est justice puisque ses adeptes assurent y trouver un mieux-être général et le perçoivent comme un excellent investissement. Nettement plus douce que le sauna, cette solution a le mérite de démontrer une volonté de consacrer du temps, souvent beaucoup de temps, et un minimum d'argent, aux soins corporels. Elle peut être assortie de plaisants massages qui, surtout s'ils sont effectués par des personnes plus spécialisées dans la kinésithérapie que dans le sport en chambre thaïlandais, ont de bonnes chances de contribuer au soulagement des douleurs corporelles.

En pratique, le choix de l'établissement, la qualité de son hygiène et de sa fréquentation sont essentiels. Si le hammam de la Mosquée de Paris conserve une solide réputation, de nombreux autres lieux en région parisienne comme en province offrent des équipements tout à fait corrects.

... ou le froid !

Pour combattre certains maux de tête ou certaines douleurs du ventre, ou pour apaiser une gorge douloureuse, le froid a également fait ses preuves depuis toujours. Mais attention. Aussi efficace soit-elle souvent, son action ne dure pas. Autant le soulagement qu'elle procure peut être parfaitement réel et donc n'avoir rien d'illusoire, autant il ne revêt qu'un caractère en général temporaire. Il n'est pas rare qu'il n'en soit pas moins fort appréciable : il permet en effet de «temporiser», de disposer d'un temps suffisant pour mettre en oeuvre une autre solution thérapeutique qui, elle, sera de nature à atténuer ou à anéantir la sensation douloureuse à la longue.

Bon à savoir

* Pour soulager votre mal de gorge, il vous sera souvent proposé de boire une infusion bien chaude voire bouillante... Pourtant, ce vieux «réflexe» conditionné devrait avoir fait long feu depuis longtemps. C'est au contraire l'absorption d'une boisson très froide qui serait de nature à soulager votre douleur.

* En cas d'entorse bénigne ou moyenne, un bon traitement passe bien sûr par le repos (sans appui et sans recours à des cannes canadiennes) et la compression (grâce à un bandage, à réaliser dès que possible et à enlever pour dormir), mais aussi par le glaçage (plusieurs fois par jour pendant une dizaine de minutes et jamais directement sur la peau).

Bis pour le cannabis ?

Le moins que l'on puisse dire, c'est que les effets thérapeutiques du cannabis donnent souvent matière à polémique... Pourtant, les pouvoirs publics semblent, eux, avoir tranché puisque le décret ministériel du 31 mars 1999, qui modifie l'article R5181 du Code de la santé, autorise l'utilisation non d'herbe de cannabis mais de cannabinoïdes pour des malades atteints de cancer ou de sida. De même, en théorie, les recherches sur le cannabis sont autorisées sur le territoire français. Mais en pratique, les responsables de l'industrie pharmaceutique se montrent toujours plus que réticents à explorer les perspectives d'application thérapeutiques pour ce produit et ses dérivés. Quand bien même parviendraient-ils à mettre au point un médicament intéressant, ils craignent d'être confrontés à des problèmes de commercialisation insolubles car forcément stupéfiants...Pourtant, l'action antalgique du cannabis, inférieure, il est vrai, à celle de la morphine, semble incontestable. Certaines approches expérimentales concernant le traitement de la sclérose en plaques tendent à montrer que les patients pourraient bénéficier d'une appréciable diminution de leurs douleurs. Mais les effets indésirables des cannabinoïdes ne paraissent pas négligeables non plus. Ils se traduiraient par un ralentissement psychomoteur, des bouffées d'angoisse, voire des hallucinations, entre autres réactions psychotropes. Comme le rappelait le Pr Bernard Roques, dans un entretien publié par la revue *Panorama du Médecin* en septembre 2001, «toutes les drogues sont des substances qui peuvent avoir un effet thérapeutique considérable. Mais le fait qu'elles puissent créer une toxicomanie est un grand frein». «Les laboratoires pharmaceutiques, confirmait-il aussi, ne s'intéressent pas à ces produits parce qu'ils en ont peur. C'est le vrai problème. Mais c'est en train de changer. Il ne faut pas oublier que la morphine existe depuis la nuit des temps. Ce n'est pas parce qu'il y a un certain nombre d'héroïnomanes que l'on va supprimer les opiacés de la pharmacopée.» Et le Pr Roques de souligner au passage que si le cannabis a «peu d'effets antalgiques par lui-

même», il «potentialise en revanche l'analgésie opioïde de manière spectaculaire» et que «là les choses avancent vite»... Selon ce spécialiste, des essais cliniques seraient en passe d'être réalisés. Alors, bientôt un grand bis pour le cannabis ?

Des vibrations à douces sensations...

Qu'elles soient «mécaniques» – cas des ultrasons –, électroniques, magnétiques, lumineuses, de type infra-rouge ou laser, certaines vibrations ont des effets quelque peu magiques. A haute ou basse fréquence, les ondes peuvent même prendre une allure miraculeuse et les personnes qui souffrent auraient sans doute grand tort de se priver d'y recourir. De fait, les lampes infra-rouges ont remporté un vif succès il y a un quart de siècle et restent encore appréciées de nos jours. Même si elles ne doivent pas forcément – loin s'en faut parfois ! – être mises entre toutes les mains et si leur utilisation implique un minimum de modération... Dotés d'une fréquence supérieure à 1 million de hertz, les ultrasons, en particulier, ont également leurs amateurs : ils produisent d'incontestables effets thermiques, relaxants et anti-inflammatoires. Leurs propriétés antalgiques sont reconnues depuis longtemps.

De leur côté, les vibrations électroniques, dans le cadre de ce qu'il est convenu d'appeler l'ionisation ou l'électrothérapie, ne manquent pas non plus de présenter un grand intérêt. Il suffit d'un courant électrique continu à basse fréquence, de deux électrodes (dont une alimentée en produit anti-inflammatoire) pour que la douleur prenne fin dans telle ou telle partie du corps... Pour les personnes qui endurent des souffrances liées à l'arthrose, à la sciatique, aux tendinites et autres petites mais déplaisantes affections bien connues des sportifs, ces diverses thérapies, sans représenter la panacée universelle et faire preuve d'une efficacité aussi systématique qu'absolue, se révèlent généralement salvatrices et sans danger. A la condition expresse qu'elles soient mises en oeuvre sinon par un médecin du moins sous surveillance médicale et que leur utilisation ait lieu de manière ponctuelle et non permanente durant la journée.

Laser : de l'effet placebo à la frappe chirurgicale

Que sa mise en oeuvre s'accompagne ou non d'un bel «effet placebo», cette technique de pointe permet d'obtenir des résultats souvent plus que remarquables. Elle est en particulier très utile, dans le cadre de la chirurgie intra-cérébrale, pour traiter de grosses douleurs. Grâce à elle, sont rendues désormais possibles de véritables «frappes» chirurgicales, destructions localisées dans le cerveau, en principe sans risque de dégâts collatéraux. Alors que dans le passé, les interventions se traduisaient immanquablement par la coupure de certains nerfs... Mais le recours au laser concerne par priorité certains types d'applications et relève exclusivement de praticiens hautement spécialisés.

«Froid» ou «chaud» : attention au distinguo

Contrairement à ce que tout le monde ou presque a tendance à croire, le vocable «laser» ne recouvre pas un seul et même objet... En réalité, il apparaît trop général pour ne pas prêter à confusion.

Certes, il se définit bien, selon le dictionnaire Robert, comme «un amplificateur quantique de radiations lumineuses, mono-chromatiques et cohérentes permettant d'obtenir des faisceaux très directifs et de grande puissance». Mais cette source lumineuse peut être «froide» ou «chaude». Dans le premier cas, elle interviendra sans affecter en quoi que ce soit la partie du corps qu'elle visera. Dans le second, elle pourra être utilisée notamment dans le cadre d'une intervention chirurgicale, afin de séparer certains tissus ou «neutraliser» certaines cellules.

Acupuncture : une efficacité en tout point...

Bien que pratiquée en Chine depuis des millénaires, cette thérapeutique qui consiste en l'introduction d'aiguilles très fines, en des points cutanés précis, a mis, comme chacun sait, beaucoup de temps à s'imposer dans l'univers médical français. Divulguée en Europe au milieu du XIXe siècle, elle ne connut qu'une vogue très passagère. Si bien qu'il a fallu attendre 1927 pour qu'elle soit réintroduite en Occident, à l'instigation du Dr Ferreyrolles, par Georges Soulié de Morant. C'est ce sinologue, consul de France à Pékin, qui traduisit des ouvrages très anciens, en particulier le *Net Tsing* (rédigé en partie au XIIIe siècle avant Jésus-Christ) et rendit la méthode utilisable.

L'acupuncture est fondée sur la correspondance de certains organes avec des points cutanés, réunis par des lignes imaginaires, les méridiens, pairs, au nombre de douze, entourant le corps, de la tête aux extrémités des membres. Il existe en outre deux autres méridiens médians impairs, antérieur et postérieur. La palpation des pouls radiaux permet de contrôler une circulation d'énergie Yin-Yang, parcourant ces divers méridiens...

L'équilibre de cette énergie peut être obtenu en piquant des points, le long des méridiens, les fameux «points d'acupuncture», dits «des merveilleux vaisseaux».

A cette thérapie, certaines douleurs, qu'elles soient liées à l'arthrose, à la migraine ou à la rage de dents, sont réputées ne pas résister longtemps. Largement confirmée, l'efficacité est indéniable. Sauf sans doute pour la souffrance dentaire ordinaire – toujours si particulière ! – où en pratique, seuls des anesthésiques locaux se montrent réellement apaisants et permettent l'intervention du chirurgien dentiste. Mais il paraît non moins contestable que ce sont généralement les acupuncteurs les plus compétents qui obtiennent les résultats les plus probants... En d'autres termes, de même que l'achat du livre des mille et un trucs du magicien ne saurait transformer *illico presto* en maître de l'illusion, il ne suffit pas d'avoir lu un manuel d'acupuncture pour réussir à soulager sur le champ un patient ! A noter enfin que l'alliance de l'acupuncture et de l'homéopathie est souvent excellente pour venir à bout de douleurs aussi lancinantes que récalcitrantes.

Ce qu'ils en disent

Jean-Pierre KIBARIAN : «Le problème de la douleur dentaire reste entier...»

«Le problème de la douleur a évidemment une extrême importance dans le domaine dentaire. Ce n'est pas sans raison si depuis les célèbres dessins de Daumier jusqu'à nos jours, le métier de chirurgien-dentiste a été si souvent brocardé... Mais les nombreuses plaisanteries à son sujet trahissent presque toujours une certaine crainte en arrière-plan. Sentiment qui s'explique par un passé encore relativement proche et même parfois par un présent hélas bien réel, en raison notamment d'échecs dans les anesthésies dûs à des problèmes infectieux ou morphologiques. Souvent provoqué par des maladies ou une insuffisance d'hygiène buccale, le problème de la douleur dentaire existe donc toujours. Il reste entier. A ceci près qu'un professionnel chevronné prendra soin d'éviter toute poursuite de son travail et *a fortiori* tout acharnement en cas de difficulté. Il préfèrera reporter à plus ou moins long terme certains actes douloureux...

Contrairement à ce qu'un large public semble croire, il n'y a pas, à ce jour, de progrès fondamentaux en matière de suppression de la douleur (dans l'univers dentaire). Certes, le chirurgien-dentiste peut recourir à tout un arsenal de produits, et en particulier à des anesthésiques locaux, à la fois efficaces et bien tolérés (sous réserve naturellement qu'ils soient bien utilisés). Mais il en dispose depuis déjà une vingtaine d'années. En fait, en l'espace de ces deux dernières décennies, aucune nouvelle molécule n'est apparue... Parmi les formes non chimiques d'analgésiques ou d'anesthésiques, il existe bien entendu la sophrologie. Mais cette méthode de relaxation est un peu plus ancienne puisqu'elle semble remonter à la période de l'Egypte pharaonique !».

Jean-Pierre KIBARIAN, 54 ans, est chirurgien-dentiste depuis une trentaine d'années en Ile-de-France. Il s'intéresse particulièrement aux restaurations prothétiques.

Mésothérapie : micro-injections et mini-aiguilles

Pour combattre la douleur, nombreuses sont les personnes à ne jurer que par la mésothérapie. Elles n'ont pas tort. Cette technique médicale, dont les principes ont été définis vers le milieu du siècle dernier, s'impose souvent comme «la» solution, notamment dès qu'il est question d'arthrose, de névralgie vertébrale, de tendinite, ou de toute autre forme de lésion musculaire et rhumatismale. Elle passe par des micro-injections, sous la peau et à l'aide de mini-aiguilles (de deux millimètres pour les plus longues d'entre elles...), de toutes petites doses d'un assemblage de produits médicamenteux, choisis en fonction de la douleur concernée. Cette combinaison met souvent en mouvement un intéressant processus de synergie, rendu plus efficace encore par l'action directe *in loco dolenti*, c'est-à-dire au niveau de l'organe qui souffre.

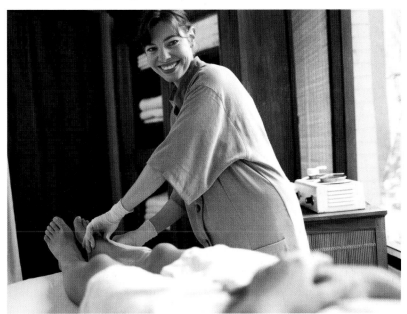

La mésothérapie présente l'avantage d'offrir un soulagement souvent très rapide, au prix d'un recours limité aux substances pharmaceutiques et d'un minimum de contraintes ou de désagréments. Mais, outre qu'elle vise infiniment moins la cause de la douleur que sa manifestation immédiate et n'a donc qu'une ambition restreinte, elle n'est pas à la portée... de toutes les mains. Sans doute paraît-il plus que préférable qu'elle soit pratiquée par un professionnel compétent, respectueux des règles méthodologiques.

Homéopathie : le temps des granules

Contrairement à une idée trop communément répandue, l'homéopathie n'a rien d'une nouveauté. La vogue relative dont elle bénéficie depuis une vingtaine d'années ne doit pas faire illusion. Même s'il est vrai qu'elle est reconnue depuis peu comme une médecine au sens fort du terme, elle existe depuis la fin du XVIIIe siècle... Pour soulager douleurs et affections, son principe consiste à utiliser, sous forme de granules et à des doses infinitésimales, des substances qui, absorbées en grosse quantité, seraient de nature à provoquer le trouble ou la maladie contre laquelle on est censé combattre. Il s'agit donc de lutter contre le mal par le mal. Avec la conviction qu'une souffrance liée à tel ou tel organe du corps trahit souvent l'existence d'un problème de santé autrement global.

Aux patients, l'homéopathie paraît offrir une large «panoplie» de remèdes, réputés «anodins» et toujours connus sous leur désignation latine. De *nux vomica* à *ipeca* en passant par *belladona*, s'il s'agit d'apaiser les douleurs des sinus ou par *arsenicum album*, en cas de douleurs inflammatoires... En vérité, le bon usage des produits homéopathiques ne relève pas de l'automédication mais de la prescription par un praticien qui sera en mesure de déterminer les dosages appropriés. En outre, il a vocation à s'inscrire en complément de la pharmacopée allopathique moderne. En particulier dans des traitements destinés à soigner les maladies douloureuses chroniques.

Phytothérapie : des plantes si attachantes !

Bien qu'il lui soit souvent beaucoup demandé et parfois trop, la phytothérapie n'est pas une panacée. Tout particulièrement pour les problèmes de douleur. Certes, les propriétés apaisantes de certaines plantes médicinales sont connues et reconnues depuis longtemps. Elles sont, il est vrai, d'autant plus appréciables – et appréciées – que de nombreuses substances médicamenteuses de caractère allopathique paraissent avoir une efficacité quelque peu «démesurée» et surtout génératrice de troubles ou d'effets secondaires regrettables. Mais la phytothérapie peut facilement se transformer en... tromperie.

Dans certains pays – cas notamment de la France –, il n'existe pratiquement plus d'herboristes pouvant se prévaloir d'un diplôme reconnu par l'Etat. Les plantes médicinales n'y font pas ou plus l'objet d'un enseignement de type universitaire. Il existe donc relativement peu de réels connaisseurs, d'authentiques «sachants» : les «phytothérapeutes» dignes de ce nom ne sont pas légion. En outre, il arrive que l'action des plantes ne soit pas aussi «anodine» que leur réputation le donne trop souvent à penser. Croire que l'on peut «jouer» impunément avec la belladone – entre autres exemples fameux – est une belle erreur. Enfin, si elle n'a pas vocation à tout soulager, la phytothérapie – qu'elle se présente ou non sous forme de tisanes – n'a pas non plus pour objet de réaliser des miracles dès qu'il est question de souffrance physique ou morale... Ce n'est pas parce que la crédulité humaine semble sans limites qu'il faut souscrire à toutes les divagations et autres décoctions d'origine télévisuelle ! Par définition, les émissions du petit écran devraient en effet être sujettes à caution. Sauf exception, elles ne sont plus aujourd'hui que des instruments de promotion, que des «passages obligés» où de vrais-faux «invités» peuvent ou plutôt sont incités à dire et à faire à peu près n'importe quoi... pour vendre un ou plusieurs produits, «booster» le dieu Audimat et avoir les meilleures chances d'être «réinvités». Bref, ce n'est pas parce qu'à la télé, l'imposture tient souvent la vedette... qu'il y a lieu de se prêter au jeu. La phytothérapie n'a pas besoin du petit écran pour justifier un minimum de considération.

A l'heure actuelle, les plantes se présentent sous plusieurs formes. D'emblée sous leur aspect le plus naturel bien sûr, mais aussi, c'est moins connu, en poudre ou en extraits secs incorporés dans des gélules, ou encore en version liquide (qu'il s'agisse de teintures mères, de bourgeons de plantes, d'extraits propylglycoliques – commercialisés généralement dans des ampoules –, de suspensions intégrales de plantes fraîches, ou encore de gels).

Sur le territoire français, comme les créations de magasins ont été interdites depuis la Seconde guerre mondiale, les herboristeries ont aujourd'hui pratiquement toutes disparu. Les plantes et les produits phytothérapeutiques relèvent donc du domaine pharmaceutique et se trouvent dans de nombreuses pharmacies (et parapharmacies, magasins d'alimentation biologique, boutiques spécialisées dans la diététique ou l'hygiène...). D'une manière générale, il est préférable de s'adresser à des pharmaciens spécialisés qui seront en mesure de conseiller et fournir les meilleures préparations. Il arrive que le «bouche à oreille» conduise aux adresses considérées comme particulièrement sûres (cas, par exemple, à Paris, d'un établissement renommé, avenue Victor Hugo, où officie un pharmacien très expert qui n'est pas avare de ses pertinents conseils et bénéficie d'une renommée méritée). Mais, à titre d'exemples, voici dès à présent quelques suggestions classiques, destinées à soulager cer-

Tisanes : pas forcément thérapeutiques...

S'il fait volontiers penser à infusion, décoction ou macération, le mot «tisane» prête surtout à confusion. Certes, il existe bien des tisanes à proprement parler thérapeutiques, c'est-à-dire comportant suffisamment d'une ou plusieurs plantes pour avoir une action certaine. Mais dans la pratique, les «tisanes» que boivent de nombreuses personnes ont plus un caractère «ludique» qu'une vertu thérapeutique : elles sont censées faciliter la digestion mais leur intervention «médicamenteuse» est plus qu'incertaine. Au mieux une question d'ordre psychique ou psychologique.

taines souffrances. En cas d'arthrose, l'harpagophytum, la ver-
gerette du Canada ou le cassis font partie des plantes que leurs
propriétés antalgiques et anti-inflammatoires ont de quoi

rendre attachantes. Elles peuvent évidemment être associées à des plantes de drainage comme le bouleau et le frêne ou à des plantes sédatives comme la valériane et la passiflore, ou encore à des oligo-éléments comme le sélénium ou le «trio» manganèse–cobalt–cuivre, «cocktail» particulièrement approprié. Pour calmer les douleurs de cystite, l'absorption en grande quantité de plantes à la fois sédatives et désinfectantes comme le saule blanc, la bruyère et la busserole, paraît toute indiquée. Sous la forme de poudre en gélules ou de mélange de teintures-mères. Et si l'angine se montre par trop cruelle, thym, eucalyptus et niaouli font partie des serviteurs de choc, en version huile essentielle. Mais dans tous les cas, il convient de se souvenir qu'une cure n'est vraiment phytothérapeutique qu'à la condition d'absorber plusieurs gélules ou décoctions par jour pendant plusieurs semaines… Si vous faites partie de ces personnes qui s'imaginent qu'il suffit de boire une tasse pour que – miracle – la douleur instantanément disparaisse, de grâce renoncez à la phytothérapie ! Vous ne pourriez que pester contre elle et multiplier les désillusions.

Massages et kinésithérapie : douceur et persévérance

L'apaisement d'une douleur constitue, on ne le soulignera sans doute jamais assez, la vocation première des massages. Pas question donc de sous-estimer cette technique, excellente pour la détente musculaire et une meilleure prise de conscience de son propre corps et du soin, du temps, des efforts à lui consacrer pour le maintenir en bon état, tant sur le plan médical qu'au niveau esthétique… Antalgique, elle peut se révéler détendante ou revigorante. Mais attention : elle implique, pour être efficace, que le masseur ou la masseuse connaisse et prenne soin d'appliquer quelques principes fondamentaux… D'abord, de s'enduire les mains avec un produit (crème, poudre, huile…). Ensuite, de toujours masser dans le sens des fibres musculaires.

Les bons praticiens, dotés d'un vrai savoir-faire, ne sont pas très nombreux. En tout cas beaucoup moins légion qu'on pourrait le croire. Exercée de manière professionnelle, cette activité paraît souvent trop ennuyeuse pour engendrer des vocations durables. Pourtant, elle a le mérite d'être utile et le pouvoir de soulager toute une série de petits et gros maux liés à l'arthrose, aux lumbagos, aux névralgies...

Par principe, les séances de kinésithérapie peuvent contribuer à la réduction et même à l'élimination de nombreuses douleurs, dorsales, lombaires ou cervicales. Mais là encore, elles supposent d'être menées par un professionnel sérieux et compétent. En outre, elles impliquent nécessairement, pour aboutir à des résultats probants, beaucoup de régularité, de persévérance et de suivi... Des exigences qui, en pratique, semblent parfois difficiles à satisfaire et que sitôt la douleur calmée, de nombreuses personnes ont, de toute façon, tendance à vite oublier.

Psychothérapie : des vertus de l'accompagnement

Le recours à la psychothérapie n'a pas lieu, en tant que tel, de faire peur... Nombreux sont cependant les esprits à l'exclure d'emblée dans la perspective d'un soulagement. A tort. Il n'est pas rare en effet que des personnes souffrant de douleurs aient besoin sinon d'un soutien du moins d'un minimum d'accompagnement psychologique. Surtout quand elles sont de surcroît victimes d'un stress psycho-affectif. L'apprentissage des techniques de maîtrise corporelle et spirituelle peut leur être profitable et il existe des instituts spécialisés reconnus pour le sérieux de leurs propositions. Le médecin qui jouit de la confiance de son patient sera également en mesure d'être un interlocuteur essentiel, que ce soit dans le cadre d'une prise de conscience de l'intérêt d'une psychothérapie comportementale ou au niveau d'un traitement thérapeutique visant à désensibiliser ou à atténuer le sentiment d'anxiété.

4 - Les bons réfle et curatifs, et recommanda du praticien

xes, préventifs
les
tions

*E*n pratique, un distinguo d'emblée s'impose. Entre l'enfant et l'adulte. Chez l'un, l'aspirine garantira souvent le succès. Chez l'autre, elle sera parfois insuffisante. Mais une personne atteinte de douleurs chroniques a tout intérêt, en cas de crise, à débuter par des sachets ou des comprimés d'aspirine. Si par la suite, elle peut bien sûr faire appel à son médecin et recourir à une thérapeutique appropriée, elle doit s'efforcer de toujours rester attachée à la notion de progressivité. A douleur réitérée, réponse graduée. Ce grand principe reste fondamental. L'oublier ou le mépriser, c'est s'exposer à de sévères désillusions... et à des maux redoutables.

De la modération avant toute chose

Combattre certains types de douleur, c'est toujours conserver par-devant soi des munitions de bon calibre pour pouvoir résister et, au moment où il convient, faire bonne contenance... Dès lors que des crises paraissent enrayées par l'aspirine ou un médicament de même nature, il peut être plus que tentant pour le patient d'acquérir une sorte de réflexe conditionné. Douleur = comprimé. Mais à ce petit jeu où le pragmatisme semble si salutaire, l'abus guette. Et tôt ou tard, le coeur s'en ressent. Forcément, puisque l'aspirine à haute dose à des effets néfastes reconnus au niveau vasculaire et digestif.

Qu'il s'agisse de l'aspirine ou du paracétamol, les antalgiques sont des médicaments dits de première intention. Au même titre que les AINS–anti-inflammatoires non stéroïdiens (naptroxène, ibuprofène...). Il n'y a pas lieu d'ignorer ou de sous-estimer leur intérêt pour les affections bénignes. En revanche, les produits dits de crise ne doivent pas s'utiliser à la légère : ils sont par principe exclusivement réservés aux crises et aux douleurs qui résistent aux antalgiques. Outre qu'il est plus que déconseillé de les absorber en dehors des périodes douloureuses, il vaut souvent mieux y avoir recours dès les premiers élancements d'une souffrance certaine. En respectant bien sûr la prescription de son médecin. Dans tous les cas, faire preuve d'un minimum de discernement et de modération relève d'une sagesse élémentaire.

Cette douleur psychique qui ne se voit pas...

Pour le traitement de la souffrance morale, qui intervient après un drame personnel ou collectif, un sédatif ou un somnifère peut être précieux. Dans la pratique, l'intervention d'un médecin ou d'un psychologue se révèle souvent utile. Ce n'est pas sans raison si leur présence est désormais systématiquement requise quand se produit une catastrophe, même s'il y a, hélas, davantage de morts à dénombrer que de blessés à secourir... Il est également important de se souvenir que d'une manière générale, la douleur psychique ne se voit pas et qu'elle n'en est souvent que plus préoccupante dans les conséquences qu'elle risque d'avoir à moyen ou long terme. Après un accident ou dans le malheur, il n'est pas rare que des personnes éprouvent un sentiment d'injustice. Au point de se considérer comme victimes d'une injustice caractérisée et de se réfugier dans une attitude psycho-pathologique qui les conduit soit à la dépression soit à la violence.

Pour de saines habitudes de vie

D'une manière générale, veiller particulièrement à son hygiène de vie, à la bonne tenue de son corps et de son esprit, à la conciliation de sa vie privée et de sa vie professionnelle, reste le plus sûr moyen de limiter les risques de douleur. Une attitude qui implique, avant de se montrer attentif à la qualité de son alimentation, de s'assurer de la bonne tenue sanitaire de ses dents et d'effectuer une «visite de contrôle» chez son dentiste (une visite annuelle devrait être un minimum). Ne vous en déplaise, vous allez peut-être vous apercevoir à cette occasion que vos incisives ou vos gencives vous trahissent... Ou plus précisément qu'elles trahissent des négligences, des comportements faussement rassurants («brossages» après chaque repas qui se limitent à des va-et-vient imparfaits, avec un instrument usagé...), des habitudes de vie plus ou moins malsaines. Ce n'est qu'une fois cette visite effectuée qu'il vous appartient de remettre en question, le cas échéant, votre mode de fonctionnement nutritionnel. Et tout particulièrement son rythme et son dosage, en essayant par exemple de manger davantage le matin et moins le soir, d'éviter les dîners tardifs et les excès de table qui souvent en découlent... Les «couche-tard» apparaissent volontiers comme les «cibles» toutes désignées de troubles, de désordres ou d'«alertes» plus ou moins graves.

Literie anti-lombalgie

La qualité de votre sommeil représente une autre «donnée» qu'il serait vain de sous-estimer. Sans doute vous faut-il dormir pour vivre et non pas vivre pour dormir. Il n'empêche que dans votre lit, vous passez le tiers de votre vie. A vous reposer, à rêvasser, à lire, à compter, à écouter de la musique, à faire tellement d'autres choses encore... Dans le silence d'une pièce ni trop chaude ni trop froide, votre literie conditionne la qualité de votre vie. Mauvaise, elle accentue vos problèmes de sommeil... et favorise les lombalgies. Bonne, c'est-à-dire bien choisie, elle a d'emblée le mérite de rester ferme, alors que vous bougez en moyenne quarante fois au cours d'une seule nuit et que vous la sollicitez environ 150 000 fois pendant une décennie. Sacrée performance. Car elle doit se montrer toujours consistante mais jamais aussi dure que la couche en marbre de la fameuse reine de Saba !

Pour une circulation sanguine et une position de la colonne vertébrale correctes, elle implique un sommier rigide, à lattes arti-
culées de préférence, et un matelas non moelleux, à ressorts, en
mousse, et pourquoi pas, à eau, puisque ce mode de couchage,
réinventé au milieu des années 1960 en Californie mais encore
peu connu en France, a le double mérite, entre autres vertus,
d'épouser parfaitement la forme de votre corps en le soutenant
au mieux et de posséder un certain pouvoir thérapeutique contre
le «mal de dos». L'enjeu est à la mesure de la peine : selon des
études concordantes, près d'un adulte sur deux souffre, plus ou
moins fréquemment, de ce «fléau», au moment du réveil.

Ce n'est pas parce que «les gens bien portants sont des malades
qui s'ignorent», selon la formule célèbre de Jules Romains, que
l'on doit méconnaître les perturbations que peut engendrer
telle ou telle douleur dans une existence. La consultation du
médecin est censée permettre de prendre rapidement les
bonnes décisions qui s'imposent.

Cas pratique

Quand Alexandre ne fait plus le gros dos...

Agé de 42 ans, Alexandre est en arrêt de travail depuis près de trois ans ; il a été
opéré à deux reprises de son dos pour des problèmes sciatalgiques sévères. Depuis
plusieurs mois, son périmètre de marche reste limité, ainsi que la mobilité de son
dos, malgré l'association de trois types de médicaments (antidépresseur, antalgique
relativement puissant, anti-inflammatoire) et de deux séances hebdomadaires de
rééducation. Alexandre vit d'autant plus mal ses ennuis de santé qu'il est convaincu
que sa famille minimise sa douleur et qu'il ne se sent pas pris au sérieux par son
médecin (il en a changé trois fois). Il s'énerve très facilement avec ses proches, son
sommeil est de très mauvaise qualité, et il a grossi de six kilos en huit mois.
Cependant, la prise en charge multidisciplinaire (avec psychologue, médecin de la
douleur et kinésithérapeute, dont il a bénéficié dans une unité spécialisée en
douleur chronique rebelle) lui a permis au bout de six mois d'améliorer notablement
ses performances physiques et son comportement relationnel. Du coup, Alexandre ne
fait plus le gros dos : il espère bien retrouver un emploi, adapté à ses possibilités.

«Je m'endors à nouveau, soudain une douleur terrible, on m'arrache en vrille tout le dedans de la tête, je m'éveille et vois un petit homme debout, en blouse blanche, avec une fraise mécanique à la main.
Ca va, je suis chez le dentiste, me voilà rassuré. Et le dentiste m'endort parce que j'ai crié.»
Jacques Prévert, La pluie et le beau temps (Eclaircie)

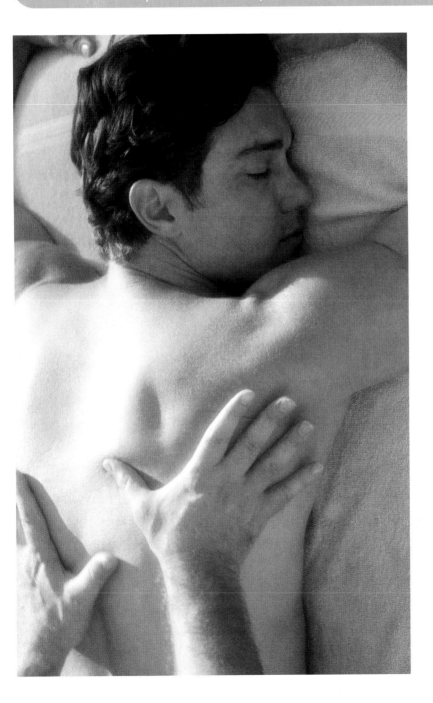

De quelques conseils

* Que sa localisation soit neurologique, musculaire ou digestive, toute douleur doit inciter à rechercher l'origine de sa cause.

* Quand une douleur se répète, il est plus que préférable de consulter son médecin. Car l'attitude classique qui consiste à différer la prise de rendez-vous risque de se solder par une négligence coupable et par des conséquences plus que regrettables. Le corps humain est un organisme qui prévient, souvent longtemps à l'avance, de troubles ou d'accidents majeurs à venir... Prévention, c'est bien connu mais hélas relativement peu appliqué, vaut mieux que recherche de guérison.

* Après toute maladie douloureuse, une période de convalescence relève de l'absolue nécessité. A défaut, il n'y a ni soulagement durable ni guérison réelle, et le risque de rechute est maximal. La «mécanique» du corps humain ne fait pas partie du monde de l'instantané et du petit «clic» : elle ne relève pas du jeu vidéo. Elle a besoin de soin, d'attention, mais aussi de délai de récupération, de repos...

* Le temps de l'effort physique n'est pas un temps mort. Au contraire, puisqu'il conditionne une certaine qualité de vie. *Mens sana in corpore sano*. Principe «sacro-sain» des Anciens qui reste plus que jamais d'actualité. Non qu'il faille nécessairement se livrer à des séances de gymnastique quotidienne pour rester en forme, mais il paraît tout à fait indispensable de veiller au bon entretien régulier – si possible deux ou trois fois par semaine – de son corps, facteur d'équilibre entre vie privée et vie professionnelle.

et petites expériences

* Faites le «test» de placer bien à plat sur votre tête un objet assez léger, ce livre, par exemple, et de marcher quatre ou cinq mètres sur la pointe des pieds en vous tenant aussi droit que possible. Si l'ouvrage tombe ou si vous êtes obligé de vous livrer à de petites contorsions pour le maintenir sur votre chevelure, il est probable que vous avez une tenue corporelle qui, non seulement, laisse à désirer mais encore présente notamment une fâcheuse déviation de la colonne vertébrale dans le sens transversal... Des séances très sérieuses de culture physique chez un bon kinésithérapeute vous éviteront douleurs et désagréments qui autrement ne manqueraient pas de survenir (en général à partir de 40 ans).

* Procédez à une analyse des mouvements que vous devez faire jour après jour. Vous vous apercevrez que de très nombreux muscles de votre corps ne sont jamais sollicités, que vous êtes régulièrement obligé de vous pencher à cause de certains équipements collectifs qui ne sont pas à la hauteur de la situation, que vos gestes sont à la fois répétitifs et peu diversifiés, que si vous n'avez plus guère l'occasion de lever les bras au ciel, vous passez en revanche une ou deux heures par jour assis et quasi immobile dans votre automobile... Ne vous étonnez pas trop dans ces conditions de souffrir de temps à autre d'un mal au dos qui rend la vie privée aussi désagréable que la vie professionnelle ! L'une des solutions efficaces pour éviter ce genre de tourment et pour détendre votre colonne vertébrale consiste à se suspendre, ne serait-ce que quelques secondes chaque jour, à un espalier suédois que vous installez dans l'une des pièces de votre domicile. Habitude à la fois simple, rapide et peu onéreuse.
Si vous êtes un peu plus courageux, vous pouvez également vous suspendre de tout votre long et ramener à plusieurs reprises les genoux à la poitrine, histoire de garantir la fiabilité de votre sangle abdominale !

«A pprivoise-moi ! Il faut être patient... Tu t'assoiras d'abord loin de moi... Je te regarderai du coin de l'oeil et tu ne diras rien. Le langage est source de malentendu. Mais chaque jour, tu pourras t'asseoir un peu plus près»... La lecture du *Petit Prince* d'Antoine de Saint-Exupéry le rappelle à juste titre : être à l'écoute d'un enfant qui souffre nécessite beaucoup d'attention et de disponibilité. Ce n'est pas en deux temps trois mouvements qu'il est possible non seulement de bien comprendre ce qu'exprime le «bout'chou» mais encore de lui faire accepter des gestes dont il a parfois infiniment de mal à voir la nécessité ! Pour le médecin, il est évidemment primordial de savoir qu'un enfant a mal et où il a mal. Des informations souvent fournies par ses parents ou par le jeune patient lui-même s'il est capable de parler et de montrer avec un doigt l'origine de ses ennuis... Ainsi, le praticien sera-t-il en mesure de préciser son diagnostic.

iffre-douleur...

Incontestablement, la prise en charge de la douleur de l'enfant s'est améliorée ces dernières années, grâce notamment à la généralisation de diverses techniques (dont celle des vaccins à seringues pré-remplies). Mais elle continue de prendre des formes hétérogènes, y compris au sein d'un même établissement de soins, et sans doute arrive-t-il encore que les douleurs provoquées par une opération ou un traitement soient négligées... Or, il est scientifiquement établi que les souffrances du nouveau-né et du prématuré ne devraient pas être sous-estimées. Moult arguments à l'appui. Aussi bien d'ordre anatomique, neurochimique, physiologique ou métabolique, que de nature hormonale ou comportementale (les études sur les enfants circoncis sans anesthésie l'ont largement démontré). Il est des douleurs qui, même au plus jeune âge, laissent des traces indélébiles. De récents travaux sur la mise en place des voies de conduction de la douleur durant la vie intra-utérine ont permis aux pédiatres de mieux prendre conscience de l'importance du problème et de distinguer avec davantage de précision les cas du foetus, du prématuré, du nouveau-né et du petit enfant. Mais si la douleur existe bel et bien, comme un fait pratiquement établi, chez le nouveau-né comme chez le prématuré et peut trop sûrement être perçue au niveau du système nerveux pour rester négligée, elle se révèle toutefois difficile à évaluer avec précision. Bien qu'elles soient de plus en plus élaborées et qu'elles concernent autant l'expression du visage, la motricité, la position du corps, que la qualité du sommeil, la qualité de la relation avec l'observateur ou l'efficacité des manoeuvres de réconfort, les échelles comportementales nécessitent des moyens très importants en personnel et en matériel. De surcroît, elles ne jouent vraiment leur rôle de grilles d'évaluation que lors de soins douloureux à répétition ou en cas de douleurs durables liées à une pathologie prolongée.

L'usage des médicaments les plus efficaces est le plus souvent réservé aux services hospitaliers spécialisés : maternités, services de prématurés ou de réanimation néonatale... Chez le nourrisson, l'anesthésie caudale est couramment pratiquée, accompagnée parfois d'un adjuvant comme le sufentanyl. Le dextrose, la succion de tétines, les massages font également partie de la «panoplie» des solutions classiques.

De quelques particularismes

Si les mécanismes physiopathologiques de la douleur sont les mêmes chez l'enfant et chez l'adulte, il existe pourtant des «particularismes» non négligeables qu'il est important de connaître :
* les souffrances en cas de soins intensifs, de leucémies ou de cancers, peuvent être très pénibles et à tout âge. Mais les plus grands progrès sont enregistrés à leur sujet, avec d'excellents résultats thérapeutiques à base d'antalgiques ;
* la fréquence des douleurs neuropathiques est supérieure chez l'adulte ;
* les migraines chez le petit enfant peuvent être déconcertantes, en particulier si elles s'accompagnent de troubles visuels, de douleurs abdominales ou de signes neurologiques ;
* les douleurs psychogènes peuvent s'exprimer par des cris, des pleurs, de l'agitation, des céphalées... Quand elles s'accompa-

gnent de cauchemars, de crises de panique et de troubles psychosomatiques divers, elles trahissent souvent l'apparition d'une angoisse particulière, l'éclatement d'un foyer, le traumatisme d'un échec scolaire. Il arrive aussi qu'elles masquent une dépression voire un risque de suicide ou une tentative de suicide. Elles relèvent alors de la psychiatrie infantile, et parfois d'un traitement accompagné ou non d'une psychothérapie.

* La douleur morale est une souffrance qui peut s'observer au cours de toutes les maladies, mais de manière souvent plus marquée chez des enfants atteints de maladies chroniques, subissant des handicaps qui les obligent à avoir une vie différente de celle de leurs compagnons de même génération. Il s'agit là de «blessures» qui risquent de les marquer de très bonne heure et de leur faire prendre conscience que leur vie sera sinon plus courte du moins différente de celle de leurs camarades. Le rôle du médecin est évidemment primordial. Mais l'action de certaines associations ne saurait être passée sous silence. Les fameuses «Opérations Pièces Jaunes» ont eu l'indéniable mérite d'accroître le nombre de pompes d'analgésie auto-contrôlée, de créer des salles de jeux, des «hôtels de parents» au sein des structures hospitalières, de décorer les lieux de soins en y introduisant des couleurs gaies, afin d'améliorer la qualité de la vie quotidienne des enfants hospitalisés. De même, les expériences menées par les clowns de l'association «Le Rire médecin», les enseignants de l'»Ecole à l'Hôpital» ou les «Blouses roses» ont suffisamment démontré combien elles apportent un réconfort inestimable.

Quand le rire se fait médecin...

Des clowns à l'hôpital ? Vous voulez rire ! C'est pourtant à cette réaction unanime qu'ont été confrontés les clowns du «Rire médecin» lorsqu'ils ont commencé, à partir de 1991, à intervenir dans les services pédiatriques hospitaliers. «C'était une gageure, se souvient le professeur Jean Lemerle, ancien chef du département de pédiatrie de l'Institut Gustave Roussy, que d'in-

troduire des clowns deux jours par semaine dans un service consacré au traitement des cancers de l'enfant. Quel scandale ! Rire au milieu des douleurs... Est-ce qu'on avait le droit de rire ?» Ce type d'interrogation relève heureusement du passé : les clowns ont leur place à l'hôpital et les équipes soignantes peuvent accepter cette confrontation quelque peu baroque, même si elle exige du travail de part et d'autre... De fait, les clowns du «Rire médecin» ne sont pas seulement des comédiens aux talents de musiciens, conteurs, jongleurs et magiciens... Artistes professionnels, ils ont reçu une formation spécifique de plusieurs mois pour adapter leur jeu à l'environnement particulier d'une unité de soins, comprendre et respecter son fonctionnement.

Faire le clown à l'hôpital n'a rien d'une plaisanterie et jouer pour les enfants hospitalisés ne s'improvise pas. Mais les résultats sont largement à la hauteur des efforts entrepris. Ainsi, grâce au drôle de «Docteur Moustique», à son joyeux confrère, le «Docteur Girafe» ou au sympathique «Professeur Reblochon» qui distribuent du sirop de rigolade et des piqûres de fou rire, les douleurs s'oublient et une situation stressante comme le départ au bloc opératoire peut être dédramatisée. Comme tous les médecins le savent, il est toujours beaucoup plus facile de soigner un enfant heureux...

Grilles d'évaluation comportementale

Chez l'enfant qui n'a pas encore accès au langage, l'évaluation de la douleur reste particulièrement difficile. Les meilleurs experts sont unanimes à considérer que même jusqu'à l'âge de 7 ans, un petit garçon ou une petite fille a beaucoup de mal à l'effectuer. Du coup, la souffrance du très jeune enfant a longtemps été mise

Neuf lieux pour des sourires par milliers

Dans chacun de ces hôpitaux, les clowns du «Rire médecin», l'association fondée par Caroline Simonds, jouent deux fois par semaine, onze mois dans l'année... pour plus de 30 000 enfants et au moins autant de parents qui découvrent que l'humour, le rêve et la fantaisie peuvent faire partie de la vie, même dans un centre de soins.

* Hôpital Ambroise Paré, à Boulogne (Hauts-de-Seine) : service de pédiatrie générale (Pr Lagardère) ;
* Hôpital Louis Mourrier à Colombes (Hauts-de-Seine) : service de pédiatrie générale (Pr Olivier), et service des urgences et consultations pédiatriques (Dr Jaby Sergent) ;
* Hôpital Intercommunal à Créteil, (Val-de-Marne) : service de pédiatrie générale et de médecine adolescente (Pr Reinert) et service des urgences pédiatriques (Dr Caudron) ;
* Centre thérapeutique pédiatrique à Margency (Val-d'Oise) : unité d'onco-hématologie (Drs Aubier et Sakiroglu) ;
* Centre hospitalier universitaire à Nantes : service de pédiatrie générale (Dr Guyot), unité des brûlés (Pr Pannier), et service d'hématologie clinique (Pr Harousseau) ;
* Centre hospitalier régional à Orléans : département de pédiatrie générale (Dr Bentata) ;
* Hôpital d'enfants Armand Trousseau à Paris : service d'hématologie et d'oncologie (Pr Leverger), service de néphrologie (Pr Bensman), et service de gastro-entérologie (Pr Girardet) ;
* Hôpital Saint-Louis à Paris : unité d'hématologie pédiatrique (Pr Baruchel) et unité de greffe de moelle (Pr Gluckman).
* Institut Gustave Roussy à Villejuif (Val-de-Marne) : département d'oncologie pédiatrique (Dr Hartmann).

Ce qu'ils en disent

Christelle L. maman : «Une fenêtre qui soulage»

«Comment décrire notre surprise de voir apparaître les clowns lors de notre premier contact avec le service pédiatrique de l'Institut Gustave Roussy, abasourdis que nous étions par la terrible nouvelle de la tumeur de notre enfant ? Nous étions recroquevillés sur notre douleur, renforcée par cette impression d'enfermement dans cette salle de consultation au plafond trop bas, aux couleurs trop tristes, sans fenêtre sur le monde. Les clowns ont été l'une de ces fenêtres qui s'ouvre, qui délasse et qui soulage par son air tonifiant.»

Julie, 9 ans : «Ca me piquait sans me faire mal...»

«Quand moi je faisais ma chimio, Madame Girafe m'aidait peut-être, enfant elle m'aidait à ne pas avoir mal. Et quand je pensais à Madame Girafe ou qu'elle chantait une chanson ou faisait un petit spectacle, je rigolais tellement que ça me piquait sans me faire mal... Si jamais un enfant est malade et va à l'hôpital, moi je lui dirai «va à l'Institut Gustave Roussy, tu verras des clowns» et c'est vrai que les clowns ça fait rigoler. Si ça vous fait pas rigoler, ça veut dire que vous êtes myope !»

Sylvie Gervaise (*) : «Le jeu qui canalise»

«C'est bon d'entendre fuser des éclats de rire dans le couloir où se sont retrouvés quelques enfants autour des clowns, ou encore dans le poste infirmier où l'équipe était soucieuse et silencieuse quelques instants auparavant. C'est doux d'entendre des notes s'échapper, auprès d'un enfant fatigué qui sourit et regarde les yeux brillants de ses parents. C'est inattendu de se rendre compte qu'un examen réputé agressif peut laisser place au jeu pour canaliser une angoisse débordante.»
(*) surveillante du service d'hématologie et d'oncologie pédiatrique à l'Hôpital d'enfants Armand Trousseau à Paris

Dr Olivier Hartmann (*) : «Des enfants plus heureux»

«Après plusieurs années de vie commune, les services de pédiatrie où le «Rire médecin» travaille ont changé. Bien sûr, il y a toujours des enfants sévèrement malades, mais ils sont plus heureux. Ils sont pris en charge par des «blouses blanches» qui trouvent le temps de rire et de rêver avec les clowns et avec eux. Leurs parents ressentent un peu de paix à les voir, grâce aux clowns du «Rire médecin», plus aptes à se libérer du fardeau de leur maladie.»
(*) chef du département d'oncologie pédiatrique de l'Institut Gustave Roussy à Villejuif

en doute et fort peu reconnue voire complètement niée.

Cependant, il existe depuis quelques années des grilles comportementales qui permettent de mieux cerner à la fois la douleur aiguë et l'efficacité d'un traitement. De même, des équipes françaises sont parvenues à mettre au point une échelle d'évaluation de la douleur continue chez l'enfant de 2 à 6 ans, et une autre pour le prématuré et le nouveau-né (ainsi qu'une grille d'évaluation comportementale pour le patient polyhandicapé). Mais ces diverses grilles ne sont pas encore officiellement validées.

Ce qu'ils en disent

Gisèle DANON : «Le nourrisson a des capacités étonnantes»

«La difficulté à évaluer de façon adéquate, fiable et reproductible la douleur du bébé est vécue comme un obstacle majeur dans la prise en charge de la douleur du nourrisson et du très jeune enfant. La réaction douloureuse et la réaction de stress sont théoriquement mesurables par des éléments «objectifs» comme la fréquence cardiaque et respiratoire, la tension artérielle. Pourtant, la composante nociceptive de la douleur aiguë ne peut, à elle seule, être réduite à la définition de la douleur. Certes, la notion de douleur perd en précision, mais elle étend son champ d'application. L'image rassurante du nourrisson simple tube digestif, rassasié, comblé, bercé, endormi, a disparu depuis que les connaissances acquises ces dernières années nous ont livré un bébé aux compétences étonnantes qui ne cessent de nous émerveiller.

Le nouveau-né, à quelques heures de vie, est capable de reconnaître l'odeur et la voix de sa mère. Les recherches en psychologie du développement ont mis en évidence des comportements aussi élaborés, dès la naissance, que la capacité à imiter des mimiques faciales complexes (comme la protrusion de la langue), ou des aptitudes mnésiques extraordinaires. Le nourrisson est capable de se rappeler à plusieurs jours d'intervalle comment déplacer un mobile avec ses pieds dès l'âge de deux mois (et de répéter l'expérience). Il possède, dès ce très jeune âge, des capacités de transformation de sa mémoire d'un canal sensoriel à un autre, comme reconnaître visuellement la forme d'une tétine qu'il a eue dans la bouche mais qu'il n'a jamais vue.

Les recherches sur la douleur du nourrisson ont pu ces dernières années vérifier l'application de ces connaissances à la mémorisation du ressenti douloureux du très jeune enfant. Dès quelques jours de vie, les études sur le retrait du talon après un premier prélèvement ou encore celles effectuées sur la mémorisation de la douleur corporelle, à partir des injections vaccinales, avec et sans anesthésique local, ont montré que le bébé réagissait plus intensément à la deuxième expérience douloureuse identique.

Si le doute peut persister pour savoir si oui ou non ce ressenti est néfaste à long terme, l'existence du ressenti douloureux physique devient, elle, difficile à mettre en doute. Il est clair que la sensorialité du nourrisson est déjà très développée dès les premières semaines. Pourtant, si le bébé a des capacités étonnantes, sa plus grande qualité réside peut-être dans le simple fait qu'il est avide de relation. Il est «construit» pour l'interactivité, pour mettre en place des interactions, comportementales et émotionnelles, avec un et même plusieurs adultes autour de lui, véritables figures de référence. Bien plus précocement qu'il ne semblait jusqu'à présent, le bébé possède des capacités à interagir avec deux personnes différemment, en se référant à l'une pour s'adresser à l'autre...»

Gisèle DANON est psychiatre d'enfants à l'Unité fonctionnelle d'analgésie pédiatrique au sein de l'Hôpital Armand-Trousseau à Paris.

Ce qu'ils en disent

Laurence VAIVRE-DOURET : «Chez le nouveau-né, il peut exister une douleur d'origine posturale»

«D'une manière générale, la douleur est considérée essentiellement dans le cadre de soins ou de traitements médicaux. Les

«L'homme est un apprenti, la douleur est son maître,
Et nul ne se connaît tant qu'il n'a pas souffert.»
Alfred de Musset, Poésies nouvelles

études ne se préoccupent pas d'une douleur corporelle de l'enfant, d'origine posturale, notamment dès la naissance, à la suite d'une mauvaise position, *in utero* par exemple.

Ces enfants qui souffrent de douleurs d'origine posturale se révèlent difficiles à déployer lors des soins, se montrent souvent hyperexcitables. A moins, comme cela arrive parfois, qu'ils ne soient nés avec des anomalies posturales orthopédiques caractérisées...

Ces anomalies sont repérables au niveau de la tête (déformation, aplatissement du crâne de façon symétrique ou asymétrique, bosse sérosanguine, céphalhématome, traces de forceps), du cou (orientation préférentielle sur un côté avec difficulté ou impossibilité de tourner la tête sur l'autre côté...), des membres inférieurs (hanches luxées, membres très toniques ou en triple flexion, pieds déformés ou en déviation...).

A partir d'une étude récente menée au sein de la maternité Cochin–Saint Vincent-de-Paul, les tests neuro-moteurs ont fait apparaître l'hyperexcitabilité des enfants concernés, une détente des membres supérieurs difficile avec souvent des membres en position dite «en chandelier» ou «haut les mains». Les manoeuvres sont pénibles et peu harmonieuses. Elles trahissent une certaine rigidité du corps, avec, dans un cas sur deux, une tendance au rejet de la tête vers l'arrière ou une asymétrie de rotation.

Les fonctions neuro-psycho-sensorielles (stimulations visuelles et auditives) sont, toujours dans un cas sur deux, peu soutenues. Sur le plan neurologique, on a pu également remarquer une extensibilité limitée des épaules, un écartement des deux membres inférieurs réduit à moins de 80 ° (alors que la normale se situe entre 80 et 100 %), souvent une trop forte extension de la nuque, et parfois une poursuite oculaire freinée.

Au niveau des comportements observés par les personnels soignants et les parents, les enfants ont paru agités lors de l'habillage, à l'éveil, souvent difficiles à consoler en moins d'une minute et à endormir.

Retentissement

Si elles ont tendance à s'estomper, ces anomalies peuvent être entretenues à la fois par le portage des mères et le positionnement de l'enfant dans son lit. Au point d'entraîner un inconfort postural. Du coup, l'enfant va plus facilement pleurer et cette situation ne manquera pas d'avoir des conséquences sur la relation mère bébé lors de ce premier attachement et des interac-

Cas pratiques

D'une suture l'autre...

Mathieu, 4 ans, présente une plaie du bras après une chute. Aux urgences pédiatriques, l'interne qui l'examine décide de suturer la plaie : quatre points sont nécessaires. Afin de ne pas accroître la détresse de Mathieu, il n'utilise pas d'anesthésie locale car l'infiltration préalable nécessiterait au moins deux injections autour de la plaie. Les parents sont invités à attendre dehors. Dès le premier point, Mathieu se met à pleurer et à s'agiter fortement. Il faudra le concours «musclé» de l'aide soignant et de l'infirmière pour que le soin puisse être réalisé en une vingtaine de minutes. La mère de Mathieu relatera des cauchemars fréquents la semaine suivante (des épisodes énurétiques seront également observés, alors que l'enfant était «propre» depuis deux ans). Deux semaines après la suture, Mathieu présente une otite aiguë. Une consultation ORL est décidée dès l'entrée à l'hôpital. Mais l'enfant manifeste son opposition et son anxiété qui vont décupler lorsque le médecin ORL tente d'examiner son tympan...

Julie, 5 ans, doit, elle aussi, être suturée après une chute de vélo. L'infirmière qui l'accueille, lui présente durant cinq minutes le masque et le ballon qu'elle doit utiliser lors de la suture. En présence de ses parents, Julie inhale le PEOPA (mélange contenant 50 % de protoxyde d'azote et d'oxygène). Au bout de trois minutes, l'interne réalise son infiltration locale puis les cinq points de suture. Le tout en un temps très court (cinq minutes à peine) et sans qu'il ait fallu contenir «manu militari» l'enfant. Julie a juste présenté un mouvement de retrait du bras lors du premier point de suture. Sa maman lui a chanté sa chanson préférée durant tout le soin. Aucune perturbation ne sera constatée durant les jours qui suivront cet épisode...

Bon à retenir

* Plus un enfant est jeune et moins il comprend pourquoi il a mal ou pourquoi «on lui fait mal, pour le soigner...».
* Tous les enfants ressentent la douleur, même les nouveau-nés et les bébés.
* Certains enfants n'osent pas dire qu'ils ont mal, pour ne pas inquiéter leurs parents, par peur de recevoir une piqûre ou de rester à l'hôpital.
* La présence d'une mère ou d'un père à ses côtés, en particulier lors de soins douloureux, est un soutien pour l'enfant, surtout lorsqu'il est petit et qu'il a besoin d'être rassuré, distrait, encouragé, consolé...
* Lorsqu'il est hospitalisé, l'enfant a moins mal s'il a moins peur... C'est-à-dire s'il est bien entouré, s'il a confiance et s'il comprend ce qui se passe. Dans tous les cas, il est important de lui faire part de la décision médicale et de lui expliquer le déroulement des soins afin de favoriser sa participation : il pourra, entre autres exemples, enlever lui-même un pansement, tenir le masque au moment de respirer un mélange gazeux...

tions corporelles. Ne comprenant pas l'origine des pleurs, la mère sera amenée à croire que son enfant a faim ou que quelque chose lui fait mal...

Enfin, sur le plan psychomoteur, les anomalies s'accompagnent de retards dans l'acquisition de la tenue de la tête. Elles peuvent même avoir un certain retentissement sur la position assise et la préhension. Par principe, l'enfant n'a pas une motricité très active au début de la vie : elle se déploie progressivement en luttant par rapport aux forces de gravité. Ainsi, les positions vicieuses acquises semblent verrouiller la motricité spontanée en créant des raccourcissements musculaires. Si on ne l'aide pas à se détendre et à mieux se positionner, l'enfant va forcément entretenir sa mauvaise position et ce mal-être. Il arrive souvent, hélas, qu'il y ait confusion entre anomalies d'origine neurologique et celles d'origine posturale...».

Docteur en psychologie du développement de l'enfant, Laurence VAIVRE-DOURET, 37 ans, est professeur à l'Université de Paris X-Nanterre, neuro-psychologue clinicienne au sein du groupe hospitalier Cochin–Saint-Vincent-de-Paul et directeur de recherche à l'INSERM-Institut national de la santé et de la recherche médicale.

6 - Les nouvelles thérapeutique

*I*ncontestablement, l'implantation en France de centres de traitement et d'évaluation de la douleur à partir du début des années 1980 constitue un événement majeur pour l'évolution des approches thérapeutiques. Tout comme le fut dans un passé plus lointain la création d'établissements comparables en Grande-Bretagne, aux Etats-Unis, au Canada ou en Scandinavie. Le recours à la morphine, essentiellement par voie orale, a pu ainsi s'élargir. Sans provoquer des conséquences négatives en termes de toxicomanie. Il a eu souvent le mérite de s'insérer d'emblée ou presque dans l'approche globale du traitement des cancers et, au besoin, de rester une solution à long terme, en particulier dans le cadre des «phases terminales» quand les tumeurs n'ont pu, hélas, être éradiquées. De même, il a grandement profité à de nombreuses personnes atteintes du Sida, y compris et surtout avant qu'elles n'entament la trithérapie. Enfin, il a concerné – c'était là une tentation forte dès lors que les résultats enregistrés se révélaient probants – des malades dont les affections non cancéreuses connaissaient une évolution relativement longue.

Devant l'ampleur de l'intérêt suscité par les centres de traitement et d'évaluation de la douleur, le ministère français de la Santé a eu l'idée en 1998 de présenter un plan triennal de lutte contre la douleur. Afin notamment d'encourager une meilleure prise en charge dans les établissements de santé. Les objectifs affichés ne manquaient pas d'ambition. Ils passaient par toute une série de mesures : la remise d'un carnet douleur à chaque personne hospitalisée, la mise à disposition dans les hôpitaux d'un millier de pompes d'auto-analgésie que les malades peuvent déclencher

eux-mêmes, la distribution de réglettes pour que les patients éva-luent la douleur en fonction du traitement antalgique (grâce à l'échelle visuelle analogique EVA), la formation des étudiants en médecine et des infirmières... Mais ce plan s'est soldé en réalité, par un bilan mitigé, perçu comme une demi-succès ou un demi-échec, suivant la sensibilité politique de l'observateur... La raison en était simple : les moyens financiers ont fait défaut, ou plus exactement, ils n'ont guère été à la hauteur des propos ministé-riels. Un inconvénient objectif et rédhibitoire.

Manifestement conscient que le miracle escompté n'avait pas eu lieu, le ministère de la Santé a donc lancé un nouveau plan. En prévoyant cette fois son financement. Elaboré en liaison avec les professionnels de la santé et les sociétés savantes, ce dispo-sitif est programmé sur quatre ans – de 2002 à 2005 – et a tou-jours pour vocation d'améliorer l'information des patients sur la douleur. Il doit également dresser l'inventaire des besoins d'équipement au niveau géographique, en particulier grâce à la

Maladies nouvelles

L'existence de maladies nouvelles rend la prise en charge de la douleur sans doute encore plus indispensable que par le passé. Cas en particulier du fameux SPID-Syndrôme polyalgique idiopathique diffus, généralement engendré par les injections de vaccins, ou de certaines fibromialgies. Les «centres de la douleur» sont en principe à la pointe de la recherche en ce qui concerne ces pathologies et peuvent mettre en oeuvre des approches thérapeutiques performantes.

Bon à savoir

* Que ce soit pour une évaluation ou un traitement, les «centres de la douleur» ne reçoivent pas tous les patients qui se présentent dans leurs halls d'accueil... Ils n'interviennent en règle générale qu'à la demande ou avec l'accord du médecin traitant.

* Certains types de douleur persistante ne sont pas aisés à soigner et sont loin de pouvoir tous être rattachés aux cancers... La lombalgie chronique et les céphalées en fournissent des exemples parmi bien d'autres. Alors, inutile de trop vous imaginer qu'une simple consultation dans un «centre de la douleur» va suffire à en venir à bout... D'autant que les études les plus récentes au sujet du traitement des douleurs dites chroniques mais non cancéreuses montrent qu'il n'y a pas de différence notable de résultats – tant au niveau de la souffrance proprement dite qu'en termes de qualité de vie – entre les médecins traitants habituels et les unités spécialisées. Dans l'un et l'autre cas, c'est l'augmentation du dosage global des substances médicamenteuses qui provoque la stabilisation de la douleur...
Ce qui est sûr en revanche, c'est qu'une consultation dans un centre vous permettra d'obtenir auprès d'une équipe dotée d'une expérience incontestable et d'un réel savoir-faire un avis sur votre traitement et des indications précieuses sur des techniques qui peuvent être utilisées.

* Contrairement à ce que trop de personnes ont tendance à croire, les «centres de la douleur» ne sont ni des unités de soins palliatifs ni des établissements de cure thermale et encore moins des lieux de convalescence... Temporaires, les traitements qu'ils dispensent ne concernent que certaines affections chroniques, certaines douleurs rebelles. Dans le cadre des soins palliatifs qui visent à assurer une fin de vie dans la dignité, ils ne représentent le plus souvent qu'un moyen parmi d'autres.

«Toute douleur veut être contemplée, ou bien n'est pas sentie du tout.»

Alain, Propos sur le bonheur

tenue des Etats généraux de la douleur dans plusieurs régions, afin de mieux définir et «localiser» les carences. Selon le ministère, les personnes qui souffrent de douleurs chroniques rebelles et les médecins libéraux n'auraient pas une connaissance suffisante des structures spécialisées, de leurs moyens véritables et de leurs compétences exactes. En outre, si près d'une centaine d'unités ou centres sont répertoriés sur l'ensemble du territoire français, une bonne quarantaine de départements seraient toujours dépourvus de consultation spécialisée, et sept ou huit régions n'auraient pas la moindre structure digne de ce nom. Enfin, un groupe de travail cherche à simplifier la prescription et surtout à mieux organiser la dispensation des médicaments à base de morphine, afin qu'elle ne soit pas trop systématiquement réservée aux malades en fin de vie.

Céphalées : bientôt une nouvelle génération de triptans

Pour éliminer leurs douleurs, les personnes migraineuses disposent, on l'a vu, de ces médicaments modernes que sont les triptans. Le sumatriptan, le zolmitriptan et le naratriptan sont les trois produits disponibles sur le marché, remboursés par la Sécurité sociale. Ils existent sous une forme multiple qui permet une utilisation immédiate, dans n'importe quelle situation. Bien sûr, ils peuvent être des comprimés qui s'avalent. Mais le spray nasal s'impose de plus en plus avec force : il a le double avantage d'être efficace en une quinzaine de minutes et d'éviter le passage hépatique. Commercialement, il a pris le pas sur les traditionnels comprimés. De surcroît, a récemment été mise au point une formule par voie oro-dispersible avec un type de comprimé qui se dissout dans la bouche. Enfin, – et c'est là une perspective plus que prometteuse – une nouvelle génération de triptans est en passe de faire son apparition. Avec plusieurs caractéristiques intéressantes. D'une part, leur champ d'action à l'intérieur du cerveau pourrait s'étendre jusqu'au niveau du bulbe rachidien. D'autre part, leur biodisponibilité par la voie orale serait plus grande et leur demi-vie plasmatique plus longue... Théoriquement, ces nouveaux produits devraient faire preuve d'une meilleure efficacité que le sumatriptan qui, lui, se montre incapable de franchir la barrière hémato-encéphalique.

Femme enceinte : vers de nouveaux progrès

S'agissant de la femme enceinte et des douleurs chroniques associées à la grossesse, les approches thérapeutiques devraient encore évoluer dans les années à venir et se traduire par de réels progrès. Pour les douleurs de l'accouchement proprement dit, le recours à la péridurale continuera sans aucun doute à se développer. Et il en ira vraisemblablement ainsi des techniques de péridurale ambulatoire. Mais il y a aussi fort à parier que les efforts de la recherche pharmacologique vont bientôt se traduire par l'apparition d'un nouveau médicament, spécialement destiné à traiter ce type de souffrance (et différent d'un classique anti-inflammatoire non stéroïdien).

Vers de nouvelles molécules pour l'enfant

Dans le cas de l'enfant, les recherches en physiologie vont se poursuivre, avec pour objectif la mise au point de nouvelles molécules. Peu à peu, le réflexe qui consiste à utiliser une

Le patch anti-douleur...

Depuis la fin des années 1990, existe le patch anti-douleur, à base de morphine. Mis au point par le laboratoire Janssen Olag, ce produit relève d'une nouvelle approche thérapeutique dans la mesure où il se veut à la fois très pratique et efficace. Toutefois, jusqu'à présent, il est utilisé principalement pour combattre les douleurs endurées par les personnes atteintes d'un cancer.

... et une pommade comme on les aime !

Avant toute piqûre, les nourrissons peuvent désormais avoir droit à une sorte d'anesthésie locale, grâce à l'application de la pommade «Emla», la bien nommée, qui a des effets tout à fait remarquables.

méthode d'anesthésie à l'occasion de toute manoeuvre doulou-reuse en médecine courante se généralisera. Que ce soit pour les prises de sang, les «points» de suture, les ponctions lombaires ou biopsiques, ou pour les circoncisions. De même, les produits antalgiques serviront constamment à prévenir les souffrances durant certaines affections et certains soins post-opératoires.

Tout nouveau n'est pas toujours tout beau !

Régulièrement, de nouveaux produits médicamenteux contre l'arthrose ou la polyarthrite rhumatoïde font l'objet de lancements de grande envergure... Mais il convient de se montrer prudent. Les polémiques engendrées par l'apparition du Vioxx et du Célébrex qui prétendaient se distinguer des autres anti-inflammatoires par une absence totale d'effets nocifs au niveau digestif mais qui pourraient, semble-t-il, avoir, dans certains cas, de fâcheuses conséquences cardio-vasculaires, en témoignent.
En médecine comme en d'autres domaines, tout nouveau n'est donc pas nécessairement synonyme de tout beau.

7 - La douleur de
une éradicati

L'une des «pistes» les plus prometteuses en matière de lutte contre la douleur semble conduire à la COX, autrement dit la cyclo-oxygénase. Parce qu'elle sensibilise le nerf à des substances excitatrices, cette molécule joue un rôle clé dans le processus de la souffrance. A l'évidence, les anti-inflammatoires qui sont couramment prescrits pour inhiber son action apportent une incontestable efficacité mais ils ont le grand tort d'entraîner des effets secondaires, en particulier digestifs, au point d'empêcher, à la longue, leur utilisation. Or,

main :
n programmée ?

de récentes découvertes ont permis d'établir qu'il existe en réalité deux cyclo-oxygénases. D'une part, COX1, dont l'action se situe au niveau des mécanismes physiologiques. Et d'autre part, COX2, à l'intervention induite lors de processus inflammatoires. Alors que la prise des médicaments disponibles à ce jour inhibe l'action des deux et se solde par des effets secondaires, des laboratoires sont sur le point de lancer un inhibiteur spécifique de COX2.

S'agissant du traitement du système nerveux, la morphine offre, aussi curieux que cela puisse paraître, des perspectives d'avenir. Au CNRS-Centre national de la recherche scientifique, plusieurs équipes sont sur le point de mettre en évidence un sous-type de récepteur qui ne réagit que sous l'action de la composante analgésique de la morphine (ce qui aurait pour vertu d'éviter tous ses effets secondaires). Elles visent également à créer des substances moins fortes que la morphine qui ne provoqueraient pas d'effet de tolérance ni de dépendance. Un avantage particulièrement précieux pour les non-cancéreux. Enfin, certains chercheurs continuent de se pencher sur le recours aux antiopioïdes, mais les résultats restent expérimentaux et plus balbutiants que concluants...

Véritables cocktails

D'une manière générale, les produits anti-dépresseurs constituent une «piste» de recherche importante qui pourrait, à relativement court terme, conduire à l'éradication d'une partie des sensations douloureuses. Dès à présent, leur rôle sur les molécules de la douleur vient d'être établi. En outre, il apparaît que plusieurs anti-épileptiques sont en mesure de provoquer le blocage de certains messages douloureux. Mais d'une manière générale aussi, l'avenir de la lutte contre la douleur ne reposera sans doute pas sur l'apparition d'une molécule miraculeuse. Il devrait plutôt passer par l'élaboration de produits multicomposants, véritables cocktails de substances capables d'agir sur les différentes cibles concernées. A moins qu'il ne s'appuie sur une tendance à la fois très actuelle et très nouvelle qui consiste à tirer parti des médicaments qui existent déjà en les détournant de leur vocation première...

Demain, un centre national de ressource de la douleur

A brève échéance, dans le cadre du programme gouvernemental 2002-2005, un centre national de ressource de la douleur devrait voir le jour. Il aura pour mission de recueillir et diffuser l'information par la création d'une médiathèque ouverte à tous

Cas pratique

Pansement de Michèle : la solution morphinique

Michèle présente depuis deux semaines un ulcère variqueux de la jambe droite. Tous les trois jours, une infirmière vient à domicile refaire le pansement. Mais Michèle redoute beaucoup ces pansements, particulièrement le nettoyage de la plaie. Elle mange très mal et la qualité de son sommeil s'est nettement dégradée. Certes, elle n'exprime aucune plainte concernant ses soins, mais l'infirmière a bien compris la sévérité de la douleur et demande au médecin traitant un traitement antalgique. Une forte dose de paracétamol prescrite une heure avant le soin se révèle insuffisante pour calmer la souffrance provoquée par le soin et la douleur résiduelle. Associé à l'application locale d'une crème anesthésiante, un morphinique faible est finalement donné trente minutes avant le soin et cette nouvelle prescription va radicalement transformer les conditions de réalisation des soins. Michèle retrouve très vite son humeur conviviale. La cicatrisation est complète au bout de dix jours...

les professionnels et d'actualiser le dossier douleur du site internet du ministère de la Santé. Outre qu'il devrait apporter une aide logistique aux praticiens (audits clés en main, protocoles...), il permettra sans doute de développer la recherche clinique sur la douleur au quotidien et les méthodes complémentaires non pharmacologiques de prise en charge. Enfin, grâce à lui, les initiatives et les réalisations autour des progrès réalisés en termes d'approche thérapeutique ou de confort du patient (prévention liée aux soins et aux gestes techniques) pourraient être mieux connues et mieux valorisées.

Un nouveau mélange gazeux à vocation infantile

Pour les enfants, l'usage du mélange équimoléculaire d'oxygène et de protoxyde d'azote a fait récemment l'objet d'une étude au sein d'une trentaine de centres pédiatriques. L'efficacité de cette médication à l'action à la fois rapide, simple et réversible, en ressort globalement confirmée. De surcroît, les effets indésirables sont reconnus comme rares – moins de 10 % des patients – et disparaissent facilement. Mais ce type de traitement est réservé à des soins de type ponction veineuse durant moins de trente minutes et reste soumis à une autorisation temporaire d'utilisation. Malheureusement, il présente 10 à 20 % d'échec et ses performances sont moindres chez les enfants de moins de trois ans.

Grands brûlés : les cas les plus douloureux au monde...

S'il n'en reste que quelques-uns, ce seront ceux-là... Les grands brûlés ont en effet le malheur d'incarner les cas les plus douloureux au monde. Ceux pour lesquels la souffrance est à la fois extrême... et extrêmement difficile bien souvent à apaiser sans avoir recours à des traitements très puissants et donc non dépourvus d'effets indésirables plus ou moins majeurs. Les grands brûlés font sans doute partie des personnes qui, sans être exclues du processus d'éradication de la douleur, risquent de demeurer longtemps encore victimes de leurs maux.

Pour en finir avec la douleur

Bientôt un monde sans douleur? Sous anesthésie plutôt! Le grand développement des techniques et des moyens anesthésiques ces deux ou trois dernières décennies peut en effet donner à penser que dans notre univers occidental, aseptisé, dit technologiquement avancé, la souffrance relève presque du passé... En fait, cette vision est en partie erronée. D'un côté, il paraît incontestable que les praticiens spécialisés dans l'anesthésie se montrent très performants. De l'autre, il semble non moins évident que les progrès spectaculaires qu'ils ont réalisés ont concerné essentiellement les douleurs liées aux maladies cancéreuses ou celles dites de fin de vie et qu'ils n'ont guère porté sur les autres types de douleur... En clair, bon nombre d'anesthésistes se sont jusqu'à présent peu intéressés à des souffrances qu'ils ont considérées comme secondaires par leur degré d'urgence et leur rang hiérarchique.

Pour autant, le statut de la douleur ne cesse pas d'évoluer. Des changements importants ont d'ores et déjà eu lieu ou sont en cours, que ce soit au niveau des connaissances fondamentales ou sur le plan du traitement et de la prise en charge. Le nouveau programme de lutte contre la douleur mis en place par les pouvoirs publics jusqu'à l'an 2005 semble aller dans le bon sens et devrait avoir d'heureux effets. Ces avancées sont encourageantes et devraient s'accélérer. Pour qu'un jour les fameux «centres d'évaluation et de traitement de la douleur» n'aient plus lieu d'être et que la douleur elle-même ne soit plus, à tout jamais, qu'un mauvais souvenir!

Quelques livres en souffrance...

- *La douleur*, Alain Serrie, Editions France Loisirs, 2001

- *La douleur, le réseau et le médecin généraliste*, Francine Hirszowski, Francis Diez et François Boureau, Editions John Libbey Eurotext, 2001 (ouvrage pour praticiens ou étudiants de troisième cycle universitaire)

- *Neurologie pédiatrique*, Pierre Landrieu et Marc Tardieu, Editions Masson, 2001

- *Migraine mon amie*, Raoul Relouzat et Jean-Pierre Thiollet, Anagramme Editions, 2001

- *Le médecin, le malade et la douleur*, Patrice Queneau et Gérard Ostermann, Editions Masson, 2000

- *La prise en charge de la douleur*, Annales pharmaceutiques françaises, Editions Masson, 2000

- *La prise en charge de la douleur postopératoire chez l'adulte* – guide de l'infirmière, Eric Viel, E. Galland et Jean-Jacques Eledjam, Editions Sauramps Médical, 2000

- *Douleur : soins préventifs et prise en charge*, Bernard Fergane et Chantal Jeanmougin, Editions Flammarion Médecine-Sciences, 2000

- *Souffrance en France*, Christophe Dejours, Editions du Seuil, 2000 (2ème éd.)

- *La douleur chez l'enfant*, sous la direction de Claude Escoffey, Isabelle Murat éditrice, Editions Flammarion Médecine-Sciences , 1999

- *Guide de la douleur de l'enfant*, C. Buisson-Marandel, P. de Dreuzy, P. Hubert, Anne-Sylvie Poisson-Salomon, Editions Elsevier, 1999

- *Soulager la douleur*, Patrice Queneau et Gérard Ostermann, Editions Odile Jacob, 1998

- *Neurologie pédiatrique*, Michel Arthuis, Nicole Pinsard, Gérard Ponsot, Olivier Dulac et autres, Editions Flammarion Médecine- Sciences, 1998

- *Les douleurs* - bases fondamentales, pharmacologie, douleurs aiguës, douleurs chroniques, thérapeutiques, L. Brasseur, M. Chauvin et G. Guilbaud éditeurs, Maloine, 1997

- *Le laser en pratique médicale courante*, Yves-Victor Kamami, Editions Masson, 1997

- *Acute pain management in children*, I. MacKenzie, P.B. Gaukroger, P. Ragg, Editions Churchill Livingston (Melbourne), 1997

- *La France malade du travail*, Jacques De Bandt, Claude Dubar et Christophe Dejours, Editions Bayard, 1995

- *Concilier vie privée et vie professionnelle,* Laurence Del Chiaro et Jean-Pierre Thiollet, Editions Nathan, 1993.

- *Contrôlez votre douleur,* François Boureau, Editions Payot, 1991

- *La douleur* - Exploration, traitement par neuro-stimulation, électro-acupuncture, François Boureau et Jean-Claude Willer, Editions Masson, 1990 (rééd.)

- *Le défi de la douleur,* Ronald Melzack, Editions Edisem (Vigot Publisching Company), 1989

- *La pratique du traitement de la douleur*, sous la direction de François Boureau, Editions Doin, 1988

- *Le laser en pratique médicale courante* - 65 protocoles de traitement, Dominique Redureau et Jean-Louis Sebagh, Editions de la Madeleine, 1987

- *Dictionnaire de la douleur*, F. Lhermitte, L. Auquier, P. Lechat, JR Troubat Editeur, 1974

- *La douleur : place des antalgiques*, Monique Couturier, Publication des Laboratoires Upsa. Destinée au praticiens, cette brochure technique dont l'auteur est pharmacien des hôpitaux étudie les divers antalgiques commercialisés.

* Les principaux centres et associations anti-douleur

- Association française de lutte contre les douleurs chroniques et rebelles,
  53, avenue Montaigne, Paris 8ème. Tél. : 01 56 43 62 72. Fax : 01 56 43 62 63.
  E.mail : djian@chsa.broca.inserm.fr et info@afldcr.org
  Créée en 1999, cette association a un bureau où figurent notamment Christiane
  Roch, Michel Massot, Dr Marie-Christine Djian, Thierry Lefégure. Sa vocation
  consiste à repousser les pesanteurs administratives et sociales qui entravent la prise
  en compte et les traitements de la douleur. Dotée d'un collège médical sous le par-
  rainage du Dr Neuwirth et d'un collège de patients douloureux chroniques, elle
  vise également à faire inscrire au tableau de la Sécurité sociale les spécialités pharmaceutiques non remboursées et tout système de neurostimulation médullaire.

- Société française d'accompagnement et de soins palliatifs (responsables : Dr Daniel
  D'Herouville, Dr Gilbert Desfosses), 106, avenue Emile Zola, Paris 15ème.
  Tél. : 01 45 75 43 86. Fax : 01 45 75 43 13. Internet : www.sfap.org.
  Créée en 1990, cette association contribue à la promotion des soins palliatifs dans
  une optique interdisciplinaire. Elle s'efforce de soutenir les praticiens et les béné-
  voles, ainsi que les proches des patients concernés.

- Association pour le traitement de la douleur de l'enfant-ATDE (responsable : Dr
  Daniel Annequin), Hôpital pour enfants Armand-Trousseau,
  26, avenue du Dr Arnold Netter Paris 12ème. Tél. : 01 49 28 02 03. Fax : 01 49 28 02 11.
  Internet : www.pediadol.org. E.mail : pediadol@wanadoo.fr.

- Association Sparadrap (responsable : Françoise Galland),
  48, rue de la Plaine, Paris 20ème. Tél. : 01 43 45 30 90. Internet : www.sparadrap.org.
  Créée en 1993, cette association bénéficie du soutien notamment de la Fondation
  de France et de la Fondation CNP-Caisse nationale de prévoyance pour la santé.
  Outre des fiches pratiques, elle édite des livrets destinés aux enfants (au sujet de
  l'anesthésie, du parcours dans le bloc opératoire, des douleurs, des piqûres ou de
  l'opération des amygdales et des végétations).

- Club Douleur Ile-de-France (responsable : Dr Jean-Baptiste Thiébaut),
  Fondation Rothschild, 25, rue Manin, Paris 19ème. Tél. : 01 48 03 69 09. Fax : 01 48
  03 69 14. E.mail : nchdoul@fo-rothschild.fr.

Créée à la fin du siècle dernier, cette association à vocation d'ordre professionnel regroupe des médecins qui se réunissent régulièrement autour de thèmes relatifs au traitement de la douleur et qui confrontent leurs expériences.

- DIES-Développement Innovation Evaluation en Santé Fondation de l'Avenir - Mutualité française (responsable : Dr Marie-Odile Frattini),
17, avenue de Choisy, immeuble Le Palatino, Paris 13ème.
Tél. : 01 44 06 06 44. Fax : 01 44 24 50 03.
Internet : www.dies.fr. E.mail : ghinamo@dies.fr.
Constituée en 2000, cette société anonyme à actions simplifiées et à actionnaire unique est une émanation de la Fondation de l'Avenir, créée par Jean-Pierre Davant, président de la Mutualité française, et Etienne Cagnard, auteur notamment d'un rapport sur la place et les droits des usagers et des patients en médecine. Dans le cadre de son action en faveur de la recherche appliquée en santé publique, la Fondation de l'Avenir ne se contente donc pas de mettre à la disposition des chercheurs un bloc opératoire expérimental et des équipes spécialisées. Elle cherche également à mettre en place et à évaluer des pratiques de soins innovantes.
Grâce au DIES, elle a pour objectifs d'améliorer la prise en charge médicale de la douleur et d'établir des «référentiels» qualitatifs en termes de méthodologie.

- Société d'étude et de traitement de la douleur - SETD
(président : Dr Paul Pionchon), Laboratoire de physiologie oro-faciale
Faculté d'odontologie, 11, boulevard Charles de Gaulle, 63000 Clermont Ferrand.
Tél. : 04 73 17 73 00 (standard général) ou 04 73 17 79 12 (direct). Fax : 04 73 17 73 09.

- Unité de prise en charge de la douleur chronique (resp. : Dr Marie-Thérèse Gatt),
Hôpital Avicenne, 125, rue de Stalingrad, Bobigny (Seine-Saint-Denis).
Tél. : 01 48 95 55 84 - 52 76. Fax : 01 48 95 52 77.
E.mail : marie-therese.gatt@avc.ap-hop-paris.fr.
Depuis le début des années 1990, cette structure (au sein du département d'anesthésie-réanimation dirigé par le Pr Cupa) propose des consultations aux patients atteints de douleurs chroniques bénignes. Parallèlement, existe aussi, au sein de l'Hôpital Avicenne, un département spécialisé dans les douleurs chroniques de type cancéreux et d'une équipe pluridisciplinaire dont fait partie le Dr Mai Luu.

- Société française d'oncologie pédiatrique douleur - SFOPD
(responsable : Dr Evelyne Pichard-Leandri)
Institut Gustave Roussy, 39, rue Camille Desmoulins, Villejuif, Val de Marne.
Tél. : 01 42 11 42 37. Fax : 01 42 11 53 35. E. mail : epilea@igr.fr

* Les structures de lutte contre la douleur chronique rebelle

Dans bon nombre de régions françaises, il existe des structures de lutte contre la douleur chronique rebelle, qui dépendent de la Direction de l'hospitalisation et de l'organisation des soins au sein du Ministère de la Santé.

Alsace

Hôpitaux universitaires de Strasbourg
1, place de l'hôpital
67000 Strasbourg - Tél. : 03 88 11 64 83

CHU-Centre hospitalier universitaire
avenue Molière
67098 Strasbourg - Tél. : 03 88 12 76 13

Clinique Sainte-Anne Groupe hospitalier Saint-Vincent
182, route de la Wantzenau
67000 Strasbourg - Tél. : 03 88 45 81 40

Centre hospitalier de Mulhouse
Hôpital E. Mueller
68070 Mulhouse Cedex - Tél. : 03 89 64 62 15

Aquitaine

Fondation Bergonié (cancer)
Institut Bergonié Centre
180, rue Saint-Genes
33076 Bordeaux - Tél. : 05 56 33 32 64

CHU-Centre hospitalier universitaire de Bordeaux
Hôpital Pellegrin
Place A. Raba Léon
33076 Bordeaux - Tél. : 05 56 79 56 46

Basse-Normandie

CHRU-Centre hospitalier régional de Caen
Avenue Georges Clemenceau (consultations)
Avenue de la Côte de Nacre (centre)
14033 Caen Cedex
Tél. : 02 31 27 25 22 (consultations)

Centre hospitalier du Mémorial de Saint-Lô
715, rue Dunant
50009 Saint-Lô Cedex - Tél. : 02 33 06 31 55

Centre hospitalier d'Avranches-Granville
Rue des Menneries - BP 629
50406 Granville Cedex - Tél. : 02 33 89 41 88

Bourgogne

Centre régional de lutte contre le cancer Jean-François Leclerc
1, rue du Pr. Marion
21034 Dijon Cedex - Tél. : 03 80 73 75 00

Bretagne

Centre hospitalier de Cornouaille
Hôpital Laennec
14 bis, avenue Yves Thépot - BP 1757
29107 Quimper Cedex - Tél. : 02 98 52 60 07

Clinique mutualiste La Sagesse
4, place Gwenolé
35013 Rennes Cedex - Tél. : 02 90 85 76 80

Centre hospitalier Broussais
Avenue de la Marne
35403 Saint-Malo - Tél. : 02 99 21 28 01

Centre

Centre hospitalier Jacques Coeur
Route de Nevers - BP 603
18016 Bourges - Tél. : 02 48 48 49 14

Centre hospitalier universitaire
2, boulevard Tonnelle
37044 Tours Cedex - Tél. : 02 47 47 38 71

Champagne Ardennes

Institut Jean Godinot
1, rue du général Koenig - BP 171
51056 Reims - Tél. : 03 26 50 43 84

Franche-Comté

Centre hospitalier universitaire
Boulevard Fleming
25030 Besançon - Tél. : 03 81 66 85 09

Centre hospitalier
55, rue du Dr J. Michel
39016 Lons-Le-Saunier - Tél. : 03 84 35 60 80

Haute-Normandie

Centre hospitalier universitaire
1, rue Germont
76000 Rouen - Tél. : 02 32 88 83 94

Centre hospitalier
17, rue Saint-Louis
27000 Evreux - Tél. : 02 32 33 80 00

Ile-de-France

Hôpital Laennec
42, rue de Sèvres
75007 Paris - Tél. : 01 44 39 68 57

Hôpital Lariboisière
2, rue Antoine Paré
75475 Paris Cedex 10 - Tél. : 01 49 95 81 77

Hôpital Saint-Louis
1, avenue Claude Vellefaux
75010 Paris - Tél. : 01 42 49 94 31

Hôpital Tenon
4, rue de la Chine
75970 Paris Cedex 20 - Tél. : 01 56 01 7 0 49

Hôpital Saint-Antoine
184, rue du Faubourg Saint-Antoine
75012 Paris - Tél. : 01 49 28 23 09

Hôpital de la Salpétrière
41, boulevard de l'hôpital
75013 Paris - Tél. : 01 42 16 37 28

Hôpital Broussais
96, rue Didot
75374 Paris Cedex 14 - Tél. : 01 43 95 95 00

Hôpital Bichat-Claude Bernard
46, rue H. Huchard
75018 Paris - Tél. : 01 40 25 83 56

Centre hospitalier
177, rue de Versailles
78150 Le Chesnay Cedex - Tél. : 01 39 63 80 20

Hôpital Cochin - Pavillon Tarnier
89, rue d'Assas
75006 Paris - Tél. : 01 42 34 17 92

Hôpital Ambroise Paré
9, avenue Charles de Gaulle
92160 Boulogne - Tél. : 01 49 09 57 62

Centre chirurgical Ambroise Paré
27, boulevard Victor Hugo
92200 Neuilly-sur-Seine - Tél. : 01 41 43 04 50

Hôpital Beaujon
100, boulevard du Général Leclerc
92110 Clichy - Tél. : 01 40 87 58 31

Hôpital Avicenne
125, rue de Stalingrad
93009 Bobigny Cedex - Tél. : 01 48 95 52 76

Centre hospitalier Robert Ballanger
Boulevard Ballanger
93602 Aulnay-sous-Bois - Tél. : 01 49 36 74 52

Institut Gustave Roussy
53, rue Camille Desmoulins
94805 Villejuif Cedex - Tél. : 01 42 11 42 11

Centre hospitalier
69, rue du Lieutenant-colonel Prudhon
95100 Argenteuil - Tél. : 01 34 23 25 78

Centre hospitalier de Gonesse
Rue de Theiley
95000 Gonesse - Tél. : 01 34 53 21 21

Centre hospitalier intercommunal
de Poissy-Saint-Germain
10, rue Champs Gaillard
78303 Poissy - Tél. : 01 39 27 40 50

Centre hospitalier intercommunal de Créteil
40, avenue de Verdun
94010 Créteil Cedex - Tél. : 01 45 17 50 00

Hôpital Armand Trousseau
Douleur enfants
26, avenue du Docteur Arnold Netter
75012 Paris - Tél. : 01 44 73 65 19

Fondation Rothschild
Ophtalmologie
25, rue Manin
75019 Paris - Tél. : 01 48 03 69 09

Languedoc-Roussillon

Polyclinique Montréal
Route de Bram
11890 Carcassonne - Tél. : 04 68 11 53 53

Polyclinique Grand Sud
350, avenue Saint-André de Codols
30932 Nîmes Cedex 9 - Tél. : 04 66 04 33 04

Centre hospitalier universitaire
5, avenue Hoche
30029 Nîmes Cedex - Tél. : 04 66 68 68 86

Centre hospitalier universitaire
Hôpital Saint-Eloi
Avenue Bertin Sans
34295 Montpellier - Tél. : 04 67 33 72 71

Clinique Clémentville
25, rue de Clémentville
34000 Montpellier - Tél. : 04 67 06 70 00

Clinique Beausoleil
115, avenue Lodève
34000 Montpellier - Tél. : 04 67 75 99 88

Clinique du Parc
50, rue Emile Combes
34171 Castelnau-Le-Lez - Tél. : 04 67 33 13 31

Lorraine

Centre hospitalier
29, avenue du Maréchal de Tassigny

54035 Nancy Cedex - Tél. : 03 83 85 22 56

Centre Alexis Vautrin
Avenue de Bourgogne
54511 Vandoeuvre-Les-Nancy Cedex
Tél. : 03 83 59 84 86

Centre hospitalier régional
Hôpital Bon Secours
1, place Philippe de Vigneules
BP 81065
57038 Metz Cedex 01 - Tél. : 03 87 55 35 82

Centre hospitalier
1, rue de l'Hôpital - BP 90619
57206 Sarreguemines Cedex
Tél. : 03 87 95 88 83

Assistance Hospitalière
4, rue Alfred Labbé
54350 Mont-Saint-Martin - Tél. : 03 82 44 70 00

Centre hospitalier régional
Hôpital Bel Air - BP 60327
57126 Thionville Cedex - Tél. : 03 82 55 85 22

Hôpital Belle-Isle
2, rue Belle-Isle
57045 Metz Cedex 1 - Tél. : 03 87 34 10 00

Hôpital Sainte-Blandine
3, rue du Cambout
57000 Metz - Tél. : 03 87 39 47 47

Midi-Pyrénées

Centre hospitalier régional
Hôpital Rangueil
1, avenue Poulhes

31403 Toulouse Cedex - Tél. : 05 61 32 26 35
Clinique du Parc Toulouse
4, rue Mespoul
31078 Toulouse Cedex - Tél. : 05 61 36 65 99

Clinique Claude Bernard
1, rue Père Colombier
81000 Albi - Tél. : 05 63 77 78 00

Nord-Pas-de-Calais

Centre hospitalier universitaire
Clinique neurochirurgicale
59037 Lille Cedex - Tél. : 03 20 44 64 57

Centre Oscar Lambret
3, rue Frédéric Combenale - BP 307
59020 Lille Cedex - Tél. : 03 20 29 59 59

Clinique Teissier
57, avenue Desandouins
59300 Valenciennes - Tél. : 03 27 14 23 18

Centre hospitalier
99, rue de la Bassée - BP 8
62307 Lens Cedex - Tél. : 03 21 69 16 34

Etablissement hélio-marin Berck
47, rue du Dr Calot
62600 Berck - Tél. : 03 21 89 40 40

Pays de la Loire

Clinique médicale Viaud
40, rue Fontaine de Barbin
44000 Nantes - Tél. : 02 40 37 26 26

Centre hospitalier universitaire
Hôpital Laennec - BP 1005
Bd Manod
44093 Nantes Cedex 01 - Tél. : 02 40 16 51 73

Centre hospitalier universitaire
4, rue Larrey
49093 Angers Cedex - Tél. : 02 41 35 46 13

Centre hospitalier universitaire
194, avenue Rubillard
72037 Le Mans Cedex - Tél. : 02 43 43 25 28

Picardie

Centre hospitalier
Rue Marcellin-Berthelot
02001 Laon Cedex - Tél. : 03 23 24 33 33

Centre hospitalier
40, avenue Léon Blum

60021 Beauvais Cedex - Tél. : 03 44 11 21 21

Centre hospitalier
Avenue Paul Rougé - BP 121
60309 Senlis Cedex - Tél. : 03 44 21 70 00

Centre hospitalier universitaire - Hôpital Nord
Place Victor Pauchet
80054 Amiens - Tél. : 03 22 66 80 00

Poitou-Charentes

Centre hospitalier universitaire
Pavillon Garnier
350, avenue Jacques Coeur - BP 577
86021 Poitiers Cedex - Tél. : 05 49 44 39 15

Provence-Alpes Côte d'Azur

Centre hospitalier régional universitaire
30, avenue de la Voie Romaine
06000 Nice - Tél. : 04 92 03 79 46

Assistance publique – La Timone-Marseille
Boulevard Jean Moulin
13005 Marseille - Tél. : 04 91 38 68 98

Clinique La Phocéanne
143, rue des 3 Lucs
13002 Marseille - Tél. : 04 91 93 78 01

Fondation Saint-Joseph
26, boulevard de Louvain
13008 Marseille - Tél. : 04 91 80 67 49

Centre hospitalier
Avenue des tamaris
13616 Aix-en-Provence - Tél. : 04 42 33 99 09

Polyclinique Urbain V
Chemin Pont des deux Eaux
84000 Avignon
Tél. : 04 90 81 31 25

Rhône-Alpes

Centre hospitalier
Service des urgences
07100 Annonay - Tél. : 04 75 67 35 95

Centre hospitalier
Rue du Dr Janty
26000 Valence - Tél. : 04 75 75 75 75

Centre hospitalier universitaire
Hôpital Michallon - BP 217
38043 Grenoble Cedex 09
Tél. : 04 76 76 52 13

Clinique mutualiste des Eaux Claires
8-12 rue du Dr Calmette
38 000 Grenoble - Tél. : 04 76 70 89 02

Hôpital rhumatologique
Route de Chamrousse
38410 Uriage - Tél. : 04 76 76 48 00

Centre hospitalier Lucien Hussel
Mont Salomon
38209 Vienne - Tél. : 04 74 31 33 33

Centre hospitalier
Hôpital Bellevue - Pavillon 5
42055 Saint-Etienne Cedex 2
Tél. : 04 77 42 78 05

Centre hospitalier
28, rue de Charlieu - BP 511
42328 Roannes - Tél. : 04 77 44 36 94

Hospices civils
Hôpital neurologique

59, boulevard Pinel
69003 Lyon - Tél. : 04 72 11 89 03

Hôpital des Charmettes
39, rue de Viabert
69003 Lyon - Tél. : 04 72 74 61 03

Polyclinique de Rieux
941, rue du Capitaine Julien
69140 Rillieux-La-Pape - Tél. : 04 72 01 45 40

Centre régional Léon Bérard
28, rue Laennec
69373 Lyon Cedex - Tél. : 04 78 78 26 57

Centre hospitalier Saint-Luc Saint-Joseph
9, rue du Pr Grignard
69365 Lyon Cedex 05 - Tél. : 04 78 61 88 19

Hôpital Desgenettes
108, boulevard Pinel
69275 Lyon Cedex 03 - Tél. : 04 72 36 60 67

Centre médical de l'Argentière
L'Argentière
69610 Aveize - Tél. : 04 74 26 41 41

Ile de La réunion

Clinique Sainte Clotilde
0127, route du Bois de Nèfles Sainte Clotilde
97490 Saint-Denis - Tél. : 0262 48 20 20

Les collèges nationaux de professionnels de la douleur

Collège national des médecins de la douleur
CNMD (présidé par le Dr Jacques Meynadier),
département d'anesthésie réanimation
Centre Oscar Lambret, BP 307 - 59020 Lille Cedex.

Collège national des enseignants universitaires de la douleur
CNEUD (présidé par le Pr Patrice Queneau)
Hôpital Bellevue - Pavillon 5, 14, boulevard Pasteur - 42055 Saint-Etienne Cedex 2.

Collège national des chirurgiens dentistes de la douleur
CNCDD (présidé par le Dr Jean-Noël Godefroy)
Centre médical «Les Rouges Terres», rue Montmartre - 50470 La Glacerie.

Collège national des psychologues de la douleur
CNPD (présidé par Martine Derzelle)
Institut Godinot, 1, rue du Général Koenig, BP 171 - 51000 Reims.